Persischer Sprachführer

Meinen Söhnen gewidmet

Simin Heiderfazel

Persischer Sprachführer

Fârsi-Dari für Afghanistan

Schmetterling Verlag

Bibliografische Informationen der Deutschen Nationalbibliothek
Die Deutsche Nationalbibliothek verzeichnet diese Publikation in der Deutschen Nationalbibliografie; detaillierte Daten sind im Internet über http://dnb.d-nb.de abrufbar.

Schmetterling Verlag GmbH
Lindenspürstr. 38 b
70176 Stuttgart
www.schmetterling-verlag.de
Der Schmetterling Verlag ist Mitglied von aLiVe.

ISBN 3-89657-892-8
2. Auflage 2015
Printed in Hungary

Satz und Reproduktionen: Schmetterling Verlag
Druck: Interpress, Budapest

Inhalt

Geleitwort zur 2. Auflage

Die 1. Auflage des Buches «Persischer Sprachführer» war rasch vergriffen. Ich freue mich deshalb sehr, dass wir Ihnen bereits nach kurzer Zeit eine 2. Auflage dieses Buches präsentieren können. Ich möchte mich an dieser Stelle für die zahlreichen positiven Rückmeldungen und konstruktiven Kritiken bedanken. Insbesondere gilt mein Dank einem aufmerksamen Leser, Herrn Hans Brandenburger.

Der Abschnitt Aussprache wurde überarbeitet, insbesondere die Vokalisation:
Die langen Vokale: â ا, u/ô و , i/ê ی werden in persischer Schrift durch Buchstaben wiedergegeben.
Die kurzen Vokale: a, e, o werden in persischer Schrift nicht wiedergegeben sondern nur in Lautschrift geschrieben.

Hilfreich ist es, sich früh mit der Aussprache vertraut zu machen. Auf den Seiten 23–25 findet sich eine alphabetische Liste mit den Lautschriften.

Wir hoffen, dass die 2. Auflage des vorliegenden Buches einen ebenso guten Anklang finden wird wie die Erstauflage.

Für Hinweise auf verbliebene Fehler bin ich jedem Leser dankbar.

Simin Heiderfazel, Heidelberg 2015

Geleitwort zur 1. Auflage

Wir bewohnen nicht Häuser, Landschaften, Länder allein, wir bewohnen auch die Sprache, und wo man sich mit ihr vertraut macht, da lernt man zugleich einen Lebensraum kennen. Dieses Buch gibt uns die Muttersprache der Perser und Afghanen nicht allein als lexikalisches Wissen, sondern mehr noch im kulturellen Zusammenhang des täglichen Gebrauchs. Es ist eine lange, beglückende Reise, die man mit diesem Führer antreten kann. Man muss im Leben dieses Sprachraums tief verankert sein und ebenso ein profundes Wissen vom Deutschen besitzen, um die beiden Sphären miteinander in Beziehung setzen, ja, sie synchronisieren zu können. Folgt man aber diesem Weg, dann wird man mehr verstehen als allein die Sprache. Man wird auch mehr ernten als das Lächeln jener vermeintlich Fremden, die plötzlich vertraut werden, weil sie sich von einer Vokabel, einer Wendung, einem Gruß persönlich gemeint fühlen. Man wird in einen Raum der Kultur und der Verständigung eintreten, in dem am Ende alle die Beschenkten sind.

Dr. Roger Willemsen

Einleitung

Eigentlich brauche ich Ihnen nicht zu sagen, wofür das Büchlein gut ist. Ob Sie im Urlaub sind oder für ein Projekt in Afghanistan arbeiten, ein paar Sätze sind immer hilfreich, um mit Einheimischen oder anderen vor Ort zu kommunizieren.

Stecken Sie den Sprachführer einfach in die Tasche und lesen Sie öfter mal einige Sätze daraus: Sie werden sehen, wie er Ihnen bald bei einfachen Gesprächen, beim Schreiben oder zur Vorbereitung eines kleinen Aufsatzes und von Übungen das Leben leichter machen wird.

Natürlich gibt es nicht immer für einen typischen Satz in der einen Sprache einen entsprechenden in der anderen. Wenn ein Satz in Klammern steht, heißt das, dass er zwar das Gleiche bedeutet wie der gegenüberstehende Satz in der anderen Sprache, aber nicht so typisch ist und daher auch nicht so oft gebraucht wird. Aber trotzdem sind alle Sätze in beiden Sprachen idiomatisch richtig, sodass der Sprachführer zum Persischlernen ebenso gut verwendet werden kann wie zum Deutschlernen.

- Das Persische wird von rechts nach links gelesen und geschrieben.
- Im Gegensatz zur Schrift werden die Zahlen aber von links nach rechts geschrieben und gelesen, z. B.: 2009
- Das Persische hat keinen bestimmten Artikel; z. B. heißt «padar» *Vater* bzw. *der Vater*.
- Ist ein Wort unbestimmt, wird die unbetonte Endung i_ی angehängt; z. B.: «mâdari» مادری *eine Mutter*.
- Im Persischen wird nicht nach dem Geschlecht unterschieden. Bei Tieren bringt man das Geschlecht mit den Bezeichnungen «*mâde*» ماده (weiblich) und «*nar*» نر (männlich) zum Ausdruck.

- In den Klammern <...> werden die Präsensstämme angegeben, z. B. von schlagen *«zadan»* زدن <zan زن>
- Im Persischen gibt es zahlreiche zusammengesetzte Verben; z. B.: Vermuten *«hads zadan»* حدس زدن oder telefonieren *«zang zadan»* زنگ زدن, wobei nur das Verb (hier «zadan») konjugiert wird.
- Mit Gedankenstrich (–) trennt man Einzahl und Mehrzahl; z. B.: Zahl – Zahlen *«a'dad – adâd»* عدد - اعداد
- Dieses Werk enthält etwa 2555 persische Wörter in alphabetischer Anordnung mit den deutschen Bedeutungen und ihrer persischen Aussprache.
- Das Buch richtet sich an alle Reisenden, die nach Afghanistan gehen, und afghanischstämmige Jugendliche, die ihre Muttersprache lernen wollen[1].
- Die sichere Beherrschung einer Sprache ist ohne ihr Regelsystem nicht möglich. Daher gibt es hier auch vereinfachte Grammatikregeln (s. Teil III).
- Dieser Sprachführer enthält vier Teile, die nach Sachgebieten in Einzelkapiteln unterteilt sind.
- Der Wortschatz beinhaltet das Vokabular des Buches sowie ergänzende Wörter.
- In der linken Spalte finden Sie die deutschen Wörter und Wendungen in alphabetischer Reihenfolge. Das hilft Ihnen, die Übersetzung von Einzelwörtern oder Wendungen schnell und gezielt zu ermitteln. In der mittleren Spalte finden Sie die persische Aussprache und in der rechten Spalte die entsprechenden Sätze in persischer Schrift.

---

1 geschätzt (wikipedia, 2008) etwa 70 Millionen Muttersprachler, 40 Millionen Zweitsprachler

Einige Tipps

- In Afghanistan gibt es in Restaurants und Teehäusern noch geschlossene Familienabteile für Paare oder Frauen, die die Männer nur in weiblicher Begleitung betreten dürfen.
- Der Tisch wird großzügig mit verschiedenen würzigen Speisen gedeckt und die Gäste werden ständig zum Essen aufgefordert. Auch wenn man im Grunde genommen satt ist, sollte man nicht ablehnen. Wenn etwas übrig bleibt, ist es nicht so schlimm.
- Man sollte nicht vergessen, ab und zu die Gastgeberin und ihre Kochkunst zu loben.
- Wenn man unerwartet zum Essen kommt, wird man garantiert aufgefordert zu bleiben und mitzuessen.
- Körperkontakt wie Küssen, Händchenhalten, Umarmungen und Streicheln zwischen verschiedengeschlechtlichen Personen sollte man in der Öffentlichkeit unterlassen. Dagegen sieht man häufig Männer, die Männer und Frauen, die Frauen küssen, was ganz normal ist, da sie gute Freunde sind.
- In Afghanistan sitzt man meist auf Matratzen und Kissen auf dem Boden. Man sollte vermeiden, Füße und Beine auszustrecken. Ideal ist, die Beine im Schneidersitz einzuknicken.
- Es wird oft, nach dem Händewaschen, mit den Fingern der rechten Hand gegessen.
- Während des Fastenmonats sollte man nicht in Gegenwart von Muslimen, zwischen Sonnenaufgang und Sonnenuntergang, essen, trinken oder rauchen.
- Man wird oft als Fremder zum Essen eingeladen. Man ist aber nicht verpflichtet, eine Einladung anzunehmen.

- Wenn Sie auf der Straße angesprochen werden, reagieren Sie nicht darauf, denn die kleinste Reaktion von Ihnen kann als Provokation verstanden werden.
- Als Mann sollten Sie keine fremden Frauen ansprechen oder sich anzunähern versuchen.
- Die Schuhe werden im Allgemeinen ausgezogen, wenn Sie in eine Moschee oder in ein Haus gehen.
- Die Leute werden gern mit dem Titel. *«sâheb»*, *«hâdschi»* oder mit Vorname + *«dschân»* oder + *«khân»* angeredet; z. B.: *prof. sâheb, dr. sâheb, rais sâheb, wazir sâheb, hâdschi sâheb, schirin dschân, ali khân oder ali dschân.*
- Bedenken Sie, dass Sie sich in einer anderen Kultur und einem islamischen Land befinden: Die Verhaltensnormen unterscheiden sich stark von denen Ihrer Heimat. Versuchen Sie dies zu akzeptieren, denn das Nichtbeachten kann unerwünschte Reaktionen auslösen.

Teil I

Afghanistan

- **2000–1500 v. Chr.:** Einwanderung indogermanischer Steppenvölker aus Zentralasein in das Gebiet des heutigen Afghanistans
- **Ländername:** Islamische Republik Afghanistan
- **Lage:** Zentralasien, im Norden an Turkmenistan, Tadschikistan und Usbekistan grenzend, im Osten und Süden an China und Pakistan und im Westen an Iran grenzend.
- **Hauptstadt:** Kabul (3,5 Millionen Einwohner, geschätzt[2])
- **Bevölkerung:** Paschtunen, Tadschiken, Hazara, Usbeken und noch zahlreiche kleinere ethnische Gruppen (Aimak, Turkmenen, Baluchi, Nuristani und andere).
- **Unabhängigkeit:** 1919
- **Regierungsform:** Republik, Präsidialsystem
- **Amtssprache:** Fârsi-Dari und Paschtu
- **Parlamentswahlen:** Seit 1965
- **Republik Afghanistan:** Seit 17.07.1973
- **Militärputsch:** 27.04.1978
- **Präsident Rabbani:** 1992
- **Militärische Erfolge der Taliban:** 1995
- **Übergangsregierung:** Januar 2002
- **Erste demokratische Wahl:** 09.10.2004
- **Erster Präsident:** Hamid Karzai 07.12.2004

---

2 Stand, Dezember 2007, Auswärtiges Amt

Ausdrücke

In Afghanistan gibt es zahlreiche Ausdrücke, die im Alltag häufig verwendet werden. Diese Ausdrücke sind in der deutschen Sprache nicht üblich; deswegen erfolgt zum besseren Verständnis eine Beschreibung der Situation, in welcher sie angewendet werden.

Mögen Ihre Augen leuchten!	*tschaschm-e tân rôschan!*[3]	چشم تان روشن!

- Wird zu Personen gesagt, die ihre Familienangehörigen von einer Reise empfangen. Es wird mit *«taschakor, zenda bâschêd!»* beantwortet.

Hoffentlich sind Sie nicht müde!	*mânda/khasta na-bâschêd!*	مانده/خسته نباشید!

- Wird zu Personen gesagt, die z. B.: von einer Reise oder von der Arbeit zurückkommen. Es kann auch zu Menschen gesagt werden, die eine Tätigkeit gerade vollendet haben. Es wird auch mit *«taschakor, zenda bâschêd!»* geantwortet.

Gern/Bitte sehr.	*tschaschm/ ba tschaschm/ ba har du tschaschm.*	چشم/به چشم/ به هردو چشم.

- Wird als Antwort gegeben, wenn man einen Wunsch erfüllen will. z. B.: Kannst du mir helfen, das Regal aufzubauen? *ba tscheschm.*

---

3 Das Genitiv- oder Possessivzeichen -e (persisch ezâfe,-*e*) wird mit dem zugehörigen Hauptwort verschmolzen; z. B.: *tschaschm-e tân rôschan!* چشم تان روشن! Die ezâfe-Verbindung wird in der Schrift nicht bezeichnet, wobei zwischen beiden Wörtern ein unbetontes und offenes -*e* steht.

Möge der Platz von Miriam grün sein!	*dschâ-je mariam dschân sabz!*	جای مریم جان سبز!
Möge sein Platz grün sein!	*dschâjasch sabz!*	جایش سبز!

- Wird zu Personen gesagt, deren Familienangehörigen verreist sind. Es wird mit *taschakor, zenda bâschêd!* beantwortet.

Fragen nach guten Dingen benötigen keine Antwort!	*niki-ô-porsesch!*	نیکی و پرسش!

- Eine höfliche Form der Bejahung. Kann als Antwort gegeben werden, wenn jemand etwas «Gutes» anbietet; z. B.: Darf ich dir Tee einschenken? *niki-ô-porsesch!*

Ich opfere mich für Ihr Kommen.	*qorbân-e qadamhâ-je tân.*	قربان قدم های تان.

- Wird zu Gästen gesagt, die man verabschieden oder gerade empfangen will; z. B.: *qorbân-e qadamhâ-je tân, khôsch âmadêd!* Es wird mit *taschakor, zenda bâschêd!* beantwortet.

Ich opfere mich für Ihre Hände.	*qorbân-e dastân-e tân.*	قربان دستان‌تان.
Ich hoffe, dass Ihre Hände nicht weh tun.	*dastân-e tân dard na-konad.*	دستان تان‌درد نکند.

- Man sagt dies zu Personen, denen man einen Gefallen getan hat, oder man kann es auch nach dem Essen als Kompliment an die Gastgeberin äußern; z. B.: *khilê khôsch maza bud, dastân-e tân dard na-konad.* Es wird mit *taschakor, zenda bâschêd* beantwortet.

Prima / Bravo / sehr schön!	*mâschâl'lâh!*	ماشالله!

- Man macht jemandem, oft Kindern, damit Komplimente; z. B.: *mâschâllah* das Kind ist groß geworden. Man kann es auch nach einem Referat zu demjenigen sagen, der das Referat gut gehalten hat: *mâschâl'lah besjâr khub bud.* Prima, es war sehr gut.

So Gott will / mit Gottes Willen!	*enschâl'lâh!*	انشالله!

- Man sagt dies vor jeder Tätigkeit, die man vor hat zu tun, z. B.: Ich will *enschâl'lâh* nächstes Jahr nach Amerika fliegen!

Im Namen Gottes!	*besmel'lâh!*	بسم الله!

- Man sagt dies vor jeder Tätigkeit, z. B.: vor dem Referat halten, vor dem Essen, sogar vor dem Aussteigen aus dem Auto usw.

Gott sei Dank!	*alhamdolel'lâh!*	الحمدالله!

- Wird als Antwort gegeben auf viele Ausdrücke, wie Komplimente oder Dankbarkeitsbezeugung ... usw. z. B.: *alhamdolel'lâh behtar schodêd!* Gott sei Dank, es geht Ihnen besser.

Bravo! Prima!	*bârekal'lâh!*	بارک الله!
Bravo! Prima!	*nâmkhodâ!*	نامخدا!!

- Man sagt es zu jeder Person, die etwas geleistet hat, die gut aussieht oder deren Kinder gut herangewachsen sind, um sie damit vor dem Bösen Blick zu bewahren. z. B.: *«nâmkhodâ» Sabera khub kalân schoda,* Sabera *nâmkhodâ* ist schön groß geworden.

Möge Ihr Schatten nicht abnehmen.	*sâja-je schomâ kam na-schawad.*	سایهٔ شما کم نشود.

- Wird oft zu einer älteren Person gesagt, z. B.: *sâja-je schomâ kam na-schawad, schomâ bar mâ brakat astêd.*

Seien Sie im Leben!	*schomâ zenda bâschêd!*	شما زنده‌باشید!

- Wird oft zu einer älteren Person gesagt, z. B.: *schomâ zenda bâschêd!* Wir brauchen Sie.

Wir haben Sie vermisst.	*dschâ-je schomâ khâli bud.*	جای شما خالی بود.
Wir haben dich vermisst.	*dschâjat khâli bud.*	جایت‌خالی بود.

- Wird oft zu einer Person gesagt, die bei einem Anlass oder Fest nicht da war, z. B.: Das Fest war sehr schön, schade, dass du nicht da warst.

Deine Augen sind schön.	*tschaschmânat maqbul ast.*	چشمانت مقبول است.
„	*tschaschmânat qaschang ast.*	چشمانت قشنگ است.

- Man antwortet auf ein Kompliment wie z. B.: *maqbul schodi!* Du bist schön geworden. oder *lebas-at maqbul ast.* Dein Kleid ist schön. mit: *tschaschmânat maqbul ast.*

Ich renne mit dem Kopf (ich komme sehr gerne).	*ba sar mê-dawam.*	به سر می‌دوم.

- Eine höfliche Form der Bejahung. Kann als Antwort gegeben werden, wenn man von jemandem eingeladen wird. Wenn die Person einem etwas bedeutet und man gerne hingeht, dann sagt man: *taschakor, ba sar mêdawam.*

Möge sein Kommen gut sein!	*qadamasch nêk bâschad!*	قدمش نیک باشد!

- Wird zu jemandem gesagt, dessen Familienangehöriger heiratet, z. B. kann man dies nach der Hochzeit zu den Schwiegereltern sagen, *arusi mariam dschân mobârak bâschad, qadam-asch nêk bâschad,* oder *khodâ qadam-asch râ sar-e schomâ nêk konad.* Es wird mit *taschakor, zenda bâschêd!* beantwortet.

Lang sollt Ihr leben / Du sollst leben!	*zenda bâschêd/ bâschi!*	زنده باشید/ باشی!

- Wird als Antwort gegeben auf viele Ausdrücke, wie z. B. *mânda nabâschid! tschaschm-e tân ruschan!* usw.

Über das persische Alphabet und die Aussprache

الفبای فارسی - دری

«alefbâ-je fârsi-Dari»

Fârsi-Dari ist eine indogermanische Sprache. Das Wort Dari ist die literarische Abkürzung der persischen Wörter *pârsi-e darbâri, Königlicher Hof*, und entwickelte sich als Schriftsprache im 9. Jahrhundert n. Chr. aus dem Mittelpersischen.

زشعر دلکش حافظ کسی شود آگاه
که لطف طبع و سخن گفتن دری داند
(حافظ شیرازی)

Von den hervorragenden Hafez-Gedichten werden diejenigen profitieren, die die Lieblichkeit und die Feinheit der Dari-Sprache kennen
(Hafez[4]-e schirâzi)

4 Hafez-e schirâzi ist einer der bekanntesten persischen Dichter (um 1320 bis 1390), mit 69 Jahren in Schiraz gestorben. In Deutschland wurde Hafez vor allem durch den West-östlichen Diwan (1819) von Wolfgang von Goethe sowie die Nachdichtungen Friedrich Rückerts und die Übersetzung durch Joseph von Hammer bekannt.

آلمانی	صوت	مثال	آخر	وسط	اول	صوت	مفرد		اسم
Deutsch	Laute	Beispiel	Wort-ende	Wort-mitte	Wort-anfang	Laute, o, e, a	iscliert		Name
Wasser	*âb*	آب	ـا	ـا	ا	â/o, e, a	*a*	ا	*alef*
mit	*bâ*	با	ـب	ـبـ	بـ	wie b in Bier	*b*	ب	*be*
Fuß	*pâ*	پا	ـپ	ـپـ	پـ	wie p in Preis	*p*	پ	*pe*
bis	*tâ*	تا	ـت	ـتـ	تـ	wie t in Tee	*t*	ت	*te*
Register	*sabt*	ثبت	ـث	ـثـ	ثـ	wie s in bis	*s*	ث	*se*
Ort	*dschâ*	جا	ـج	ـجـ	جـ	wie dsch in Dschungel	*dsch*	ج	*dschim*
links	*tschap*	چپ	ـچ	ـچـ	چـ	wie tsch in deutsch	*tsch*	چ	*tsche*
Wort	*harf*	حرف	ـح	ـحـ	حـ	wie h in heiß	*h*	ح	*he*
Dorn	*khâr*	خار	ـخ	ـخـ	خـ	kh wie ch in Sache	*kh*	خ	*khe*
gab	*dâd*	داد	ـد	ـد	د	wie d in da	*d*	د	*dâl*
schmelzen	*zaub*	ذوب	ـذ	ـذ	ذ	z wie s in Rose	*z*	ذ	*zâl*

Weg	*râh*	راه	ـر	ـر	ر	wie r in engl. round	*r*	ر	*re*
Gold	*zar*	زر	ـز	ـز	ز	z wie s in Rose	*z*	ز	*ze*
Hagel	*jhâla*	ژاله	ـژ	ـژ	ژ	jh wie in franz. journal	*jh*	ژ	*jhe*
Kopf	*sar*	سر	ـس	ـسـ	سـ	wie s in bis	*s*	س	*sin*
Abend	*schab*	شب	ـش	ـشـ	شـ	wie sch in schön	*sch*	ش	*schin*
Geduld	*sabr*	صبر	ـص	ـصـ	صـ	wie s in bis	*s*	ص	*sâd*
Schaden	*zarar*	ضرر	ـض	ـضـ	ضـ	z wie s in Rose	*z*	ض	*zâd*
Art	*tarz*	طرز	ـط	ـطـ	طـ	wie t in Tee	*t*	ط	*tâ*
Geschirr	*zarf*	ظرف	ـظ	ـظـ	ظـ	z wie s in Rose	*z*	ظ	*zâ*
Araber	*arab*	عرب	ـع	ـعـ	عـ	etwa wie in Eimer (Knacklaut)	*a, e, o,* ʻ	ع	*ajn*
Westen	*gharb*	غرب	ـغ	ـغـ	غـ	gh wie deutsches r	*gh*	غ	*ghajn*
morgen	*fardâ*	فردا	ـف	ـفـ	فـ	wie f in fein	*f*	ف	*fe*
Rahmen	*qâb*	قاب	ـق	ـقـ	قـ	q wie dumpfes k	*q*	ق	*qâf*

taub	*kar*	کر	ک	ﻜ	ﻛ	wie k in Kind	*k*	ک	*kâf*
Blume	*gol*	گل	گ	ﮕ	ﮔ	wie g in Gold	*g*	گ	*gâf*
Lippe	*lab*	لب	ل	ﻠ	ﻟ	wie l in Lied	*l*	ل	*lâm*
wir	*mâ*	ما	م	ﻤ	ﻣ	wie m in Mutter	*m*	م	*mim*
Brot	*nân*	نان	ن	ﻨ	ﻧ	wie n in nur	*n*	ن	*nun*
Gewicht	*wazn*	وزن	و	ﻮ	و	wie das englisch w in What ô in Ost	*w, ô,* *u, au*	و	*wâw*
jeder	*har*	هر	ه	ﻬ	ﻫ	wie h in heiß	*h*	ه	*he*
oder	*jâ*	یا	ی	ﻴ	ﻳ	wie i in Stil ê in essen j in Jahr	*i, ê, j*	ی	*jâ*

Vokalisation:

Lange Vokale: â ا, i/ê ی, u/ô و

(Lange Vokale werden durch eigene Buchstaben wiedergegeben.)

kurze Vokale: a, e, o

(Kurze Vokale werden in der Schrift nicht wiedergegeben.)

Das Wichtigste

Achtung!	*ehtjât!*	احتياط!
Beeilen Sie sich!	*adschala konêd!*	عجله كنيد!
Bitte schön, hier ist es.	*befarmâjêd, indschâst.*	بفرماييد، اينجاست.
Bitte sehr!	*befarmâjêd!*	بفرماييد!
Danke / Danke schön / Herzlichen Dank.	*taschakor/besjâr taschakor.*	تشكر/بسيار تشكر.
Darf ich?	*edschâzast?*	اجازه است؟
Das ist ein Unglück.	*in jak badbakhti ast.*	اين يک بدبختى است.
Das ist schade.	*haif/ afsôs ast.*	حيف / افسوس است.
Das ist unsere Aufgabe.	*wazifa-je mâst.*	وظيفهٔ ماست.

Das macht nichts.	*parwâ/aib na-dârad/ farq na-mê- konad.*	پروا/عیب ندارد/ فرق نمی کند.
Das schadet nichts.	*ẓarar/aib na-dârad.*	ضرر / عیب ندارد.
Das war mir nicht klar gewesen.	*bar man wâẓeh na-bud.*	برمن واضح نبود.
Doch	*tscherâ*	چرا
Du kannst ...	*tu mê-tawâni ...*	تو می‌توانی ...
Du musst ...!	*tu bâjad ...!*	تو باید ...!
Ebenfalls.	*hamtschonân.*	همچنان.
Eile nicht!	*adschala na-kon!*	عجله نکن!
Einverstanden.	*qabul dâram.*	قبول دارم.
Entschuldigen Sie!	*bebakhschêd/ maẓerat mê-khâham!*	ببخشید / معذرت می‌خواهم!
Es ist ganz leicht.	*besjâr âsân ast.*	بسیارآسان است.

Es geht mich nichts an.	*ba man marbut nêst / ba man tschi.*	به من مربوط نیست / به من چه.
Es ist schlimm.	*bad schod / bad ast.*	بد شد/بد است.
Es ist unvernünftig.	*nâ ma'qul ast.*	نامعقول است.
Es reicht!	*bas ast / kâfist!*	بس است / کافیست!
Es stimmt so.	*dorost ast.*	درست است.
Es tut mir leid!	*mota'sefam/ bebakhschêd!*	متأسفم/ ببخشید!
Es war Zufall.	*tasâdof bud.*	تصادف بود.
Gestatten Sie?	*ba edschâza-je schomâ?*	به اجازهٔ شما؟
Gleichfalls.	*motaqâbelan.*	متقابلاً.
Gut.	*khub.*	خوب.
Hau ab!	*gom schô!*	گم شو!
Hilfe / Bitte helfen Sie mir!	*komak / lotfan, komak konêd!*	کمک / لطفاً کمک کنید!

Ich auch.	*man ham.*	من هم.
Ich bin bereit.	*hâzeram.*	حاضرم.
Ich bin nicht sicher.	*motma'ên nêstam.*	مطمئن نیستم.
Ich bin satt.	*sêram.*	سیرم.
Ich bin sicher.	*motma'ênam.*	مطمئنم.
Ich bitte Sie!	*schomâ râ ba khodâ/khâhesch mê-konam!*	شما را به خدا / خواهش می کنم!
Ich brauche ...	*... zarurat/ kâr dâram.*	... ضرورت/کار دارم.
Ich habe zu tun.	*kâr dâram.*	کاردارم.
Ich möchte ...	*mê-khâham ...*	می خواهم ...
Ich muss jetzt gehen.	*man bâjad berawam.*	من باید بروم.
Ich muss es unbedingt bis morgen haben.	*in râ man bâjad tâ fardâ dâschta bâscham.*	این را من باید تا فردا داشته باشم.
Ich muss mir das überlegen.	*man bâjad fekr konam.*	من باید فکر کنم.

Ich sagte nichts.	*hêtsch tschiz na-goftam.*	هیچ چیز نگفتم.
Ich versichere es Ihnen.	*ba schomâ etminân mê-deham.*	به‌شما اطمینان می‌دهم.
In Ordnung!	*besjâr khub!*	بسیار خوب!
Ja	*balê*	بلی/ بله
Ja, ich habe verstanden.	*balê, fahmidam.*	بلی، فهمیدم.
Klar.	*wâzeh ast.*	واضح است.
Leider nein.	*mota'sefâna ne.*	متأسفانه نه.
Leider.	*mota'sefâna.*	متأسفانه.
Los! Vorwärts!	*jâl'lâh!*	یاالله!
Mach schnell!	*zudbâsch/ adschala kon!*	زودباش / عجله کن!
Mit Vergnügen!	*ba besjâr khôschi!*	به‌بسیار خوشی!
Morgen gebe ich Ihnen Bescheid.	*fardâ ba schomâ etlâ' mê-deham.*	فردا به شما اطلاع می‌دهم.
Na endlich!	*belâkhera!*	بلاخره!

Natürlich.	*tab'an.*	طبعاً.
Ja, danke / Nein, danke.	*balê, taschakor / ne, taschakor.*	بلی، تشکر / نه، تشکر.
Nein.	*na (ne)/ khair/ na-khair.*	نه/خیر/ نخیر.
Nerven Sie mich nicht!	*azjatam na-konêd!*	اذیتم نکنید!
Nichts zu danken.	*qâbel-e taschakor nêst.*	قابل تشکر نیست.
Niemals.	*hargez / hêtsch waqt.*	هرگز / هیچ وقت.
Oh, entschuldigen Sie!	*oh, bebakhschêd!*	او، ببخشید!
Ohne Zweifel.	*bêdun-e schak / bêdun-e schak-ô- tardid.*	بدون شک / بدون شک و تردید.
Passen Sie auf!	*mowâzeb / motawadscheh bâschêd!*	مواظب/متوجه باشید!
Prima, sehr schön!	*mâschâl'lah / besjâr khub!*	ماشالله / بسیار خوب!

Rauchen ist verboten.	*segret kaschidan mamnô‘ ast.*	سگرت کشیدن ممنوع است.
Schade!	*afsôs!*	افسوس!
Schämen Sie sich nicht?	*khedschâlat na-mê-kaschêd/ na-mê-scharmêd?*	خجالت نمی کشید/ نمی شرمید؟
Sehr erfreut!	*dschâ-je khôschi ast!*	جائی خوشی است!
Sei nicht besorgt!	*negarân na-bâsch/ ma-bâsch!*	نگران نباش/ مباش!
Seien Sie nie nachlässig!	*hargez ghaflat na-konêd!*	هرگز غفلت نکنید!
Seien Sie still!	*khâmôsch bâschêd!*	خاموش باشید!
Sie haben uns gefehlt.	*dschâ-je schomâ khâli bud.*	جای شما خالی بود.
Sie irren sich.	*eschtebâh mê-konêd.*	اشتباه می کنید.
Verschwinde!	*borô gom schô!*	برو گم شو!
Verstanden?	*fahmidi?*	فهمیدی؟

Verzeihung / Entschuldigen Sie mich!	*bebakhschêd/ma-zerat mê-khâham!*	ببخشید / معذرت می‌خواهم!
Vorsicht!	*ehtjât!*	احتیاط!
Wahrscheinlich / Es ist möglich.	*schâjad/ ehtemâl dârad.*	شاید / احتمال دارد.
War's schön?	*khôsch gozascht?*	خوش گذشت؟
Warte mal!	*sabr kon!*	صبر کن!
Warten Sie hier!	*indschâ montazer bâ-schêd / sabr konêd!*	اینجا منتظر باشید / صبر کنید!
Warum?	*tscherâ?*	چرا؟
Was geht mich das an?	*ba man tschi?*	بمن چی ؟
Was ist das?	*in tschist?*	این چیست؟
Was ist los?	*tschi gap / tschi khabar ast?*	چه گپ / چه خبر است؟
Was ist passiert?	*tschi schoda ast?*	چه شده است؟

Was soll ich sagen?	*tschi begôjam?*	چه بگویم؟
Was sollen wir denn machen?	*tschi konêm / pas tschi bâjad konêm?*	چه کنیم / پس چه باید کنیم؟
Was wollen Sie von mir?	*az man tschi mê-khâhêd?*	ازمن چه می‌خواهید؟
Wenn Gott will / So Gott will!	*enschâl'lâh!*	انشاالله!
Wie bitte?	*tschi goftêd?*	چه گفتید؟
Willkommen!	*khôsch âmadêd!*	خوش آمدید!
Wo ist die Toilette?	*hamâm/ baitolkhalâ/ taschnâb kodschâst?*	حمام / بیت‌الخلا/ تشناب کجاست؟
Wo ist ...?	*... kodschâst?*	... کجاست؟
Wozu dient das dann?	*(khair) tschi badard mê-khôrad?*	(خیر) چه بدرد می‌خورد؟

Guten Tag

Guten Morgen.	*sob(h) bakhair.*	صبح بخیر.
Guten Tag!	*salâm, rôz bakhair!*	سلام، روز بخیر!
Guten Tag Herr / Frau ...!	*salâm âqâ-je / khânom-e ...!*	سلام آقای / خانم ...!
Guten Tag (bei Antworten) / Grüße euch.	*alaikom az salâm.*	علیکم از سلام.
Guten Tag / Guten Abend!	*salâm/ salâm alaikom!*	سلام / سلام علیکم!
Hallo!	*salâm!*	سلام!
Hi!	*salâm!*	سلام!

Auf Wiedersehen

Alles Gute!	*khôsch/dschôr bâschêd!*	خوش / جور باشید!
Auf Wiedersehen!	*khodâ hâfez / ba amân-e khodâ / khodâ hâfez-e tân / ba omêd-e didâr!*	خدا حافظ / به امان خدا / خدا حافظ تان / به امید دیدار!
Bis morgen!	*tâ sob(h) / tâ fardâ / tâ sabâ(h)!*	تا صبح / تا فردا / تا صباح!
Bis später / Bis bald!	*tâ ba'd!*	تا بعد!
Bis zum Wochen-ende!	*tâ âkher-e hafta!*	تا آخر هفته!
Bitte grüßen Sie die liebe Miriam von mir!	*lotfan, Salâm-e marâ ba mariam dschân berasânêd!*	لطفاً، سلام مرا به مریم جان برسانید!
Einen schönen Tag noch!	*rôz-e khôsch / rôz bakhair!*	روز خوش / روز بخیر!

Glücklich sein!	*khôschbakht bâschêd!*	خوشبخت باشید!
Grüßen Sie Ihre Familie von mir!	*Fâmil-e tân râ sâlam begôjêd!*	فامیل‌تان را سلام بگویید!
Grüßen Sie Ihre Frau von mir!	*khânom-e tân râ sâlam begôjêd/ berasânêd!*	خانم تان را سلام بگویید / برسانید !
Gute Fahrt!	*safar bakhair!*	سفر بخیر!
Gute Nacht!	*schab bakhair / schab-e tân khôsch!*	شب بخیر / شب تان خوش!
Gute Reise!	*safar bakhair / safar-e khôsch / safar-e khub!*	سفر بخیر / سفر خوش/ سفرخوب !
Tschüss!	*ba amân-e khodâ!*	به امان خدا!
Viel Glück!	*mowafaq bâschêd!*	موفق باشید!
Viel Spaß / Viel Vergnügen!	*khôsch begzarad!*	خوش بگذرد!
Wir sehen uns bald.	*enschâl'lâh mê-binêm.*	انشاالله می‌بینیم.

Gratulation

Alles Gute zum Geburtstag / Herzlichen Glückwunsch!	*sâlgerahat mobârak / tawalodat mobârak bâd!*	سالگره ات مبارک / تولدت مبارک باد!
Das ist Ihrer nicht würdig.	*lejâqat-e schomâ râ na-dârad.*	لیاقت شما را ندارد.
Frohes Neues Jahr!	*sâl-e nau/eid mobârak bâd!*	سال نو / عید مبارک باد!
Gesegnete Pilgerfahrt!	*ha<u>dsch</u>-e schomâ mobârak bâd/ qabul bâschad!*	حج شما مبارک باد / قبول باشد!
Glückwunsch zu deinem neuen Haus.	*<u>kh</u>âna-je nauat mobârak.*	خانهٔ نوت مبارک.
Ich gratuliere dir von ganzem Herzen.	*az samim-e qalb barâjat tabrik mê-gôjam.*	از صمیم قلب برایت تبریک می گویم.

Ich wünsche Ihnen ein Frohes Neues Jahr.	*sâl-e nau râ tabrik mê-gôjam.*	سال نو را تبریک می گویم.
Ich wünsche Ihnen viel Glück zum Geburtstag!	*sâlgera-je schomâ râ tabrik mê-gôjam!*	سالگرهٔ شما را تبریک می گویم!
Viel Erfolg!	*mowafaq bâschêd/ mo-wafaq-ô-kâmjâb bâschêd!*	موفق باشید/ موفق و کامیاب باشید!

Wie geht es?

Bis jetzt geht alles gut.	*tâ hal hama kâr hâ ba khubi mê-gozarad.*	تا حال همه کارها به خوبی می‌گذرد.
Danke, gut.	*taschakor, khub.*	تشکر، خوب .
Es geht mir auch gut.	*man ham khub hastam.*	من هم خوب هستم.
Es geht mir gut.	*khub hastam.*	خوب هستم.
Es geht so.	*schokr ast / bad nêst / mê-gozarad.*	شکر است / بد نیست / می‌گذرد.
Es gibt nichts Neues.	*hêtsch gap / khabar-e nau nêst.*	هیچ گپ/خبر نو نیست.
Fallen Sie mir nicht auf die Nerven!	*azjatam na-konêd!*	اذیتم نکنید!

Geht es Ihnen gut?	*khub hastêd / sahat-e tân khub ast?*	خوب هستید / صحت تان خوب است؟
Gott sei Dank, es geht mir gut.	*alhamdolel'lâh, khub hastam.*	الحمدالله ، خوب هستم.
Gott sei Dank, jetzt ist es besser.	*alhamdolel'lâh, hâlâ behtar ast.*	الحمدالله، حالا بهتر است.
Gute Besserung!	*sahat / sahat-e khub / schefâ bâschad!*	صحت / صحت خوب / شفا باشد!
Habt ihr eine schöne Zeit gehabt?	*sâhat-e tân khub têr schod / khôsch gozascht?*	ساعت تان خوب تیرشد / خوش گذشت؟
Mir geht's gut, und Ihnen?	*man khub hastam wa schomâ?*	من خوب هستم و شما؟
Nicht so gut.	*tschandân_ khub nêstam.*	چندان خوب نیستم.
Sehr gut, danke.	*besjâr khub, taschakor.*	بسیار خوب، تشکر.

Sind Sie gesund?	*sahat-e tân khub ast?*	صحت تان خوب است؟
Wer ärgert dich / Wer belästigt dich?	*ki âzârat mê-dehad?*	کی آزارت می‌دهد؟
Wie gehen die Geschäfte?	*kâr-ô-bâr tschetôr ast?*	کار و بار چطور است؟
Wie geht es Ihnen?	*tschetôr hastêd/ tschi hâl dârêd/ hâl-e tân tschetôr ast?*	چطور هستید / چه حال دارید / حال تان چطور است؟
Wie geht es Ihren Kindern?	*aulâd hâ tschetôr hastand?*	اولاد ها چطور هستند؟
Wie geht's?	*tschetôr hasti / tschetôri?*	چطور هستی / چطوری؟
Wie geht es Ihrer Familie?[5]	*fâmil-e tân tschetôr hastand?*	فامیل تان چطور هستند؟

5 Im Persischen fragt man nach dem Befinden eines jeden einzelnen Familienmitglieds: Wie geht es Ihnen?, Wie geht es den Kindern?, Wie geht es Ihrem Mann?, Wie geht es Ali?, Wie geht es Ihrer Familie in Afghanistan ... usw.

Besuch

Bitte schön!	*befarmâjêd!*	بفرمایید!
Bitte, setzen Sie sich!	*befarmâjêd, beneschinêd!*	بفرمایید، بنشینید!
Danke für die Einladung.	*taschakor az dawat-e tân.*	تشکر از دعوت تان.
Das war ausgezeichnet.	*besjâr <u>kh</u>ub / âli bud.*	بسیار خوب / عالی بود.
Das war ausgezeichnet (das Essen).	*besjâr <u>kh</u>ôschmaza bud.*	بسیار خوشمزه بود.
Dienstagabend können wir kommen.	*se-schambe schab mê-tawânêm bejâjêm.*	سه شنبه شب می‌توانیم بیاییم.
Fühlen Sie sich wie zu Hause!	*<u>kh</u>âna-je <u>kh</u>ôd fekr konêd / <u>kh</u>âna-je <u>kh</u>ôd-e tân ast!*	خانهٔخود فکر کنید / خانهٔ خود تان است!

Haben Sie heute Nachmittag Zeit?	*emrôz ba'd az zohr / ba'd az tschâscht waqt dârêd?*	امروز بعد از ظهر / بعد از چاشت وقت دارید؟
Ich bin hungrig/ durstig.	*gorosna-am/ teschna-am.*	گرسنه‌ام / تشنه‌ام.
Ich freue mich sehr, Sie zu sehen.	*az didan-e tân besjâr khôsch mê-schawam.*	از دیدن تان بسیار خوش می‌شوم.
Ich freue mich.	*khôsch/khôschhâl mê-schawam.*	خوش / خوشحال می‌شوم.
Ich habe Sie sehr vermisst.	*poscht-e tân besjar deq schodam.*	پشت تان بسیار دق شدم.
Ich vermisse Sie sehr.	*az duri-je schomâ besjâr nârâhat hastam.*	از دوری شما بسیار ناراحت هستم.
Ich kann nicht mehr essen.	*zejâd-tar na-mê-tawânam bekhôram.*	زیادتر نمی‌توانم بخورم.

Ja, wir können kommen.	*balê, mê-tawânêm bejâjêm.*	بلی، می‌توانیم بیاییم.
Können Sie morgen Abend zu uns kommen?	*mê-tawânêd fardâ schab khâna-je mâ bejâjêd?*	می‌توانید فردا شب خانهٔ ما بیایید؟
Leider können wir morgen Abend nicht kommen.	*mota'sefâna fardâ schab âmada na-mê-tawânêm.*	متأسفانه فردا شب آمده نمی‌توانیم.
Nehmen Sie Kaffee oder Tee?	*qahwa jâ tschâi mê-nôschêd/ mê-khôrêd?*	قهوه یا چای می‌نوشید / می‌خورید؟
Vielen, vielen Dank.	*besjâr zjâd taschakor.*	بسیار زیاد تشکر.
Wann essen Sie?	*kai nân/ghazâ mê-khôrêd?*	کی نان / غذا می‌خورید؟
Wann sehen wir uns?	*tschi waqt mê-tawânêm ke jak digar râ bebinêm?*	چه‌وقت می‌توانیم که یکدیگر را ببینیم؟
Willkommen!	*khôsch âmadêd!*	خوش آمدید!

Wir haben uns sehr gefreut.	*besjâr khôsch schodêm.*	بسیار خوش شدیم.
Wir möchten Sie gerne einladen.	*mê-khâhêm ke schomâ râ mehmân konêm.*	می خواهیم که شما را مهمان کنیم.
Wo sehen wir uns?	*kodschâ jak digar râ bebinêm?*	کجا یکدیگر را ببینیم؟

Jemanden kennen lernen

Aus welchem Land sind Sie?	*az kodâm mamlakat hastêd?*	از کدام مملکت هستید؟
Aus welcher Stadt sind Sic?	*az kodâm schahr hastêd?*	از کدام شهر هستید؟
Bitte, stellen Sie sich vor!	*lotfan, khôd râ mo'arefi konêd!*	لطفاً، خود را معرفی کنید!
Bitte, stellen Sie ihn vor!	*lotfan, u râ mo'arefi konêd!*	لطفاً، او را معرفی کنید!
Das ist ein guter Gedanke.	*khub fekr ast.*	خوب فکر است.
Das ist Frau/ Herr ...	*in khânom-e / âqâ-je ... ast.*	این خانم / آقای ... است.
Entschuldigung, wie ist Ihr Name?	*bebakhschêd, nâm-e/esm-e schomâ tschist?*	ببخشید، نام / اسم شما چیست؟
Er ist mein Mann.	*u schauharam ast.*	او شوهرم است.

Ernsthaft?	*dscheddi?*	جدی؟
Freut mich, Sie kennenzulernen.	*az âschnâji bâ schomâ khôsch schodam.*	از آشنائی با شما خوش شدم.
Hallo, ich bin ...	*salâm, man ... hastam.*	سلام، من ... هستم.
Ich bin aus Kabul und Sie?	*man az kâbol hastam wa schomâ?*	من از کابل هستم و شما؟
Ich bin Deutscher.	*man âlmâni hastam.*	من آلمانی هستم.
Ich bin mit ihm bekannt.	*bâ u âschnâ hastam.*	با او آشنا هستم.
Ich habe vergessen, es Ihnen zu sagen.	*farâmôsch kardam ke ba schomâ begôjam.*	فراموش کردم که به شما بگویم.
Ich heiße ...	*esm-e man ... ast.*	اسم من ... است.
Ich komme aus Deutschland.	*az âlmân/dschermani mê-âjam.*	از آلمان / جرمنی می آیم.

Ich stelle Ihnen Frau ... vor.	*khânom-e ... râ ba schomâ mo'arefi mê-konam.*	خانم ... را به شما معرفی می کنم.
Ich wohne/ lebe hier in Kabul.	*indschâ dar kâbol zendagi mê-konam.*	اینجا در کابل زندگی می کنم.
Ich wohne in «Shar-e-Nau» (Stadtbezirk von Kabul).	*dar schahr-e nau zendagi mê-konam.*	در شهر نو زندگی می کنم.
Ich wohne/lebe in Heidelberg.	*dar Heidelberg zendagi mê-konam.*	در هایدلبرگ زندگی می کنم.
Ich wohne hier im Hotel.	*indschâ dar hotal mê-bâscham.*	اینجا در هوتل می باشم.
In welcher Stadt leben Sie?	*dar kodâm schahr zendagi mê-konêd?*	در کدام شهر زندگی می کنید؟
Ja, ich bin Deutsche, und Sie?	*balê, man âlmâni hastam, wa schomâ?*	بلی، من آلمانی هستم و شما؟
Ja, ich kenne ihn gut.	*balê, u râ khub mê-schenâsam.*	بلی، اورا خوب می شناسم.

Kommst du aus Deutschland?	*az âlmân/dcher-mani mê-âji?*	از آلمان/جرمنی می‌آئی؟
Machen Sie Spaß?	*schukhi mê-konêd?*	شوخی می کنید؟
Mein Name ist ...	*nâm-e man ... ast.*	نام من... است.
Sie ist meine Frau.	*u khânomam hast.*	او خانمم است.
Sind Sie Anna?	*schomâ annâ hastêd?*	شما انا هستید؟
Sind Sie der Radioreporter?	*khabarnegâr-e râdio hastêd?*	خبرنگار رادیو هستید؟
Sind Sie Deutscher?	*âlmâni hastêd?*	آلمانی هستید؟
Und du/Sie?	*wa tu / schomâ?*	و تو/ شما؟
Verzeihung, woher sind Sie gekommen?	*bebakhschêd, az kodschâ mê-âjêd?*	ببخشید، از کجا می‌آیید؟
Warum kann ich nicht?	*tscherâ na-mê-tawânam?*	چرا نمی‌توانم؟
Was ist das?	*in tschist?*	این چیست؟
Weiß ich nicht.	*na-mê-dânam/ na-mê-fahmam.*	نمی‌دانم / نمی‌فهمم.

Wer bitte?	*ki?*	کی؟
Wer ist dieses Mädchen?	*in dokhtar kist?*	این دختر کیست؟
Wer ist er/sie?	*u kist?*	او کیست؟
Wer kommt denn aus Deutschland?	*ki az dschermani mê-âjad?*	کی از جرمنی می‌آید؟
Wer sind Sie?	*schomâ kistêd?*	شما کیستید؟
Wie bitte?	*tschi /* *tschi goftêd?*	چه / چه گفتید؟
Wie bitte?	*tschi gofti?*	چه گفتی؟
Wie heißen Sie?	*nâm-e schomâ tschist?*	نام شما چیست؟
Wie heißt die Frau / der Herr?	*nâm-e in khânom / âqâ tschist?*	نام این خانم/ آقا چیست؟
Wie heißt du?	*nâmat tschist?*	نامت چیست؟
Wie heißt er?	*nâm-e u tschist?*	نام او چیست؟

Wie ist Ihr Name?	*nâm-e schomâ tschist?*	نام شما چیست؟
Wie kann ich ...?	*tschetôr mê-tawânam ke ...?*	چطور می‌توانم که ...؟
Wiederholen Sie es bitte!	*lotfan, tekrâr konêd/ bâz begôjêd!*	لطفاً، تکرار کنید / باز بگویید!
Wo wohnen Sie?	*kodschâ zendagi mê-konêd?*	کجا زندگی می‌کنید؟
Wo wohnt er/sie?	*u kodschâ zendagi mê-konad?*	او کجا زندگی می‌کند؟
Woher kommen Sie?	*az kodschâ mê-âjêd?*	از کجا می‌آیید؟
Woher kommst du?	*az kodschâ mê-âji?*	از کجا می‌آئی؟
Woher kommt er/sie?	*u az kodschâ mê-âjad?*	او از کجا می‌آید؟

Sprechen

Darüber möchte ich nicht sprechen.	*dar in bâra na-mê-khâham ke gap bezanam.*	در این باره نمی‌خواهم که گپ بزنم.
Das habe ich verstanden.	*in râ fahmidam.*	این را فهمیدم.
Das habe ich nicht verstanden.	*in râ na-fahmidam.*	این را نفهمیدم.
Das weiß ich nicht genau.	*dorost na-mê-dânam/ na-mê-fahmam.*	درست نمی‌دانم / نمی فهمم.
Die Afghanen sprechen in Fârsi-Dari (Persisch).	*afghânhâ ba zabân-e fârsi-dari sohbat mê-konand.*	افغانها به زبان فارسی- دری صحبت می کنند.
Die persische Sprache habe ich an der Uni Kabul gelernt.	*fârsi-dari râ dar pôhantun-e/ dâneschgâh-e kâbol jâd gereftam.*	فارسی- دری را در پوهنتون / دانشگاه کابل یادگرفتم.

Gibt es hier jemanden, der Deutsch spricht?	*indschâ kasê ast ke âlmâni sohbat konad?*	اینجا کسی است که آلمانی صحبت کند؟
Ich hoffe, dass ich bald gut Persisch sprechen kann.	*omêdwâram ke ba zudi fârsi-dari sohbat karda betawânam.*	امیدوارم که به زودی فارسی- دری صحبت کرده بتوانم.
Ich spreche etwas Persisch.	*kamê fârsi-dari gap mê-zanam.*	کمی فارسی- دری گپ می‌زنم.
Ich spreche Persisch.	*fârsi-dari sohbat mê-konam.*	فارسی- دری صحبت می کنم.
Ich spreche nicht Persisch.	*fârsi-dari sohbat na-mê-konam.*	فارسی- دری صحبت نمی کنم.
Ich verstehe das nicht.	*in râ na-mê-fahmam.*	این را نمی‌فهمم.
Ich verstehe nicht gut.	*khub na-mê-fahmam.*	خوب نمی فهمم.

Ich verstehe nicht, in welcher Sprache Sie sprechen?	*na-mê-dânam ke ba kodâm zabân sohbat mê-konêd?*	نمی دانم که به‌کدام زبان صحبت می‌کنید؟
Können Sie Persisch sprechen?	*ba zabân-e fârsi-dari gap zada mê-tawânêd?*	به زبان فارسی- دری گپ زده می‌توانید؟
Können Sie mir bitte helfen?	*mê-tawânêd marâ komak konêd?*	می توانید مرا کمک کنید؟
Können Sie mir sagen?	*mê-tawânêd ba man begujêd?*	می توانید به من بگویید؟
Leider nicht.	*mota'sefâna, ne.*	متأسفانه، نه.
Schreiben Sie das bitte auf!	*lotfan, in râ benawisêd!*	لطفاً، این را بنویسید!
Sie/Er spricht Deutsch.	*u âlmâni sobat mê-konad.*	او آلمانی صحبت می‌کند.
Sprechen Sie bitte langsamer/lauter!	*lotfan, âhesta / bolandtar sohbat konêd!*	لطفاً، آهسته/بلندتر صحبت کنید!

Sprechen Sie Deutsch?	*âlmâni gap mê-zanêd?*	آلمانی گپ می‌زنید؟
Spricht hier jemand Deutsch?	*indschâ kasê âlmâni sohbat mê-konad?*	اینجا کسی آلمانی صحبت می کند؟
Verstehen Sie Persisch?	*fârsi-dari mê-fahmêd?*	فارسی- دری می‌فهمید؟
Verzeihung, ich verstehe nicht.	*bebakhschêd, na-mê-fahmam.*	ببخشید، نمی‌فهمم.
Was bedeutet das?	*in tschi ma'nâ mê-dehad?*	این چه معنی می‌دهد؟
Was heißt das auf Persisch?	*in râ ba fârsi-dari tschi mê-gujand?*	این را به فارسی- دری چه می‌گویند؟
Was soll denn das bedeuten?	*in tschi ma'nâ mê-dehad?*	این چه معنی می‌دهد؟
Wer spricht Deutsch?	*ki âlmâni sohbat mê-konad?*	کی آلمانی صحبت می کند؟

Wie bitte?	*tschi goftêd?*	چه گفتید؟
Wie heißt das Fest?	*dschaschn-e tschist?*	جشن چیست؟
Wie heißt das Gegenteil?	*zedesch tschist?*	ضدش چیست؟
Wie kann das sein?	*tschetôr momken ast?*	چطور ممکن است؟
Wie spricht man dieses Wort aus?	*in kalema râ tschetôr talafoz mê-konêd?*	این کلمه را چطور تلفظ می کنید؟
Wiederholen Sie das bitte!	*lotfan, tekrâr konêd!*	لطفاً، تکرار کنید!
Wo haben Sie Persisch gelernt?	*Fârsi-dari râ dar kodschâ jâd gereftêd/ âmôkhtêd?*	فارسی- دری را در کجا یاد گرفتید/ آموختید؟

Urlaub/Geschäftsreise

An wen können wir uns wenden?	*ba ki mê-tawânêm morâdsche'a konêm?*	به‌کی می‌توانیم مراجعه کنیم؟
Gefällt es Ihnen hier?	*indschâ khôsch-e tân mê-âjad?*	اینجا خوش تان می‌آید؟
Haben Sie Prospekte auf Deutsch?	*naschreja ba zabân-e âlmâni dârêd?*	نشریه به زبان آلمانی دارید؟
Haben Sie Prospekte auf Persisch?	*naschreja ba zabân-e fârsi dârêd?*	نشریه به زبان فارسی دارید؟
Hier ist meine Adresse.	*in âdras-am ast.*	این آدرسم است.
Hier ist meine Karte.	*in kârt-e man ast.*	این کارت من است.
Ich bin der GTZ- (Gesellschaft für Technische Zusammenarbeit) Vertreter.	*nomâjenda-je GTZ hastam.*	نمایندهٔ گ ت ست هستم.

Ich bin geschäftlich hier.	*indschâ barâ-je kâr âmadam.*	اینجا برای کار آمدم.
Ich bin nur für ein Jahr hier.	*tanhâ/serf barâ-je jak sâl indschâ hastam.*	تنها/صرف برای یک سال اینجا هستم.
Ich bin als Tourist hier.	*indschâ turist hastam.*	اینجا توریست هستم.
Ich brauche einen Dolmetscher/ Übersetzer.	*man jak tardschomân kâr dâram.*	من یک ترجمان کار دارم.
Ich komme sehr gerne wieder hierher.	*ba besjâr khôschi bâz indschâ mê-âjam.*	به بسیار خوشی باز اینجا می‌آیم.
Ich würde mich freuen, wenn Sie mal nach Deutschland kommen.	*khôsch mê-schawam agar kodâm waqt dscharmani bejâjêd.*	خوش می‌شوم اگر کدام وقت جرمنی بیایید.
Ist Ihre Familie auch in Afghanistan?	*fâmil-e schomâ ham dar afghânistan hastand?*	فامیل‌شما هم در افغانستان هستند؟

Machen Sie Urlaub oder sind Sie geschäftlich hier?	*indschâ ba tafrih jâ barâ-je kâr âmadêd?*	اینجا به تفریح یا برای کار آمدید؟
Seit dem 21. März.	*az bist-ô-jak-e mârs.*	از ۲۱ مارس.
Seit wann sind Sie in Afghanistan?	*az tschi waqt dar afghanistan hastêd?*	از چه وقت در افغانستان هستید؟
Sind Sie alleine in Afghanistan?	*dar afghânistan tanhâ hastêd?*	درافغانستان تنها هستید؟
Sind Sie zum ersten Mal hier?	*barâ-je awalin bâr indschâ hastêd?*	برای اولین بار اینجا هستید؟
Wann müssen Sie wiederkommen?	*kai bâjad bâz bejâjêd?*	کی باید باز بیایید؟
Wann sind Sie nach Afghanistan gekommen?	*kai/tschi waqt ba afghanistan âmadêd?*	کی/چه‌وقت به افغانستان آمدید؟
Warum kamen Sie hierher?	*tscherâ indschâ âmadêd?*	چرا اینجا آمدید؟

Was machen Sie beruflich?	*<u>tschi</u> kâr mê-konêd?*	چه کار می کنید؟
Wie lange arbeiten Sie noch?	*tâ <u>tschi</u> waqt kâr mê-konêd?*	تا چه وقت کار می کنید؟
Wie lange bleiben Sie hier?	*<u>tsche</u>qadar waqt in<u>dsch</u>â mê-bâschêd?*	چقدر وقت اینجا می باشید؟
Wir reisen wieder am 11. Juni ab.	*dubâra ba târi<u>kh</u>-e jâzdah-e <u>dsch</u>un safar mê-konêm.*	دوباره به تاریخ ۱۱ جون سفر می کنیم.

Familie

Er hat eine Tochter und einen Sohn.	*u jak dokhtar-ô-jak pesar/batscha dârad.*	او یک دختر و یک پسر/بچه دارد.
Er hat zwei Kinder.	*u du farzand dârad.*	او دو فرزند دارد.
Haben Sie Geschwister?	*khâhar-ô-berâdar dârêd?*	خواهر و برادر دارید؟
Haben Sie ein Foto von Ihrer Tochter?	*jak aks-e dokhtar-e tân râ dârêd?*	یک عکس دخترتان را دارید؟
Haben Sie Kinder?	*schomâ aulâd dârêd?*	شما اولاد دارید؟
Hat er/sie Kinder?	*u aulâd dârad?*	او اولاد دارد؟
Ja, zwei Söhne.	*balê, du pesar/batscha.*	بلی، دو پسر/بچه.
Ja, eine Tochter.	*balê, jak dokhtar.*	بلی، یک دختر.

Sie ist meine Frau.	*u khânomam ast.*	او خانمم است.
Sie ist meine Mutter.	*u mâdaram*[6] *ast.*	او مادرم است.
Sind Sie geschieden?	*dschedâ schodêd?*	جدا شدید؟
Sind Sie ledig?	*modscharad hastêd?*	مجرد هستید؟
Sind Sie verlobt?	*nâmzad hastêd?*	نامزد هستید؟
Sind Sie verheiratet / nicht verheiratet?	*ezdewâdsch kardêd / na-kardêd?*	ازدواج کردید / نکردید؟
Sind Sie Schirins Mann?	*schomâ schauhar-e Schirin hastêd?*	شما شوهر شیرین هستید؟
Wann bist du geboren?	*kai/tschi waqt tawalod schodi?*	کی/چه وقت تولد شدی؟
Wann haben Sie Geburtstag?	*tschi waqt sâlgera dârêd?*	چه وقت سالگره دارید؟

6 Grammatik:
(meine Mutter) *mâdar-am*, (deine Mutter) *mâdar-at*, (seine/ihre Mutter) *mâdar-asch*, (unsere Mutter) *mâdar-e mân*, (Ihre Mutter) *mâdar-e tân*, (ihre Mutter) *mâdar-e schân* ... Siehe noch Grammatik Teil III.

Wann hat deine Tochter Geburtstag?	*dokhtarat tschi waqt sâlgera dârad?*	دخترت چه وقت سالگره دارد؟
Wann sind Sie geboren?	*tschi waqt tawalod schodêd?*	چه وقت تولد شدید؟
Wessen Frau ist sie?	*khânom-e kist?*	خانم کیست؟
Wessen Mann ist er?	*schauhar-e kist?*	شوهر کیست؟
Wie alt ist er/sie?	*tschand sâla ast?*	چندساله است؟
Wie alt wird er/sie?	*tschand sâla mê-schawad?*	چندساله می‌شود؟

Politik und Staat

Afghanistan ist ein unabhängiger Staat.	*afghânistan jak daulat-e mostaqel ast.*	افغانستان یک دولت مستقل است.
Daran glaube ich nicht.	*inrâ bâwar na-mê-konam.*	اینرا باور نمی کنم.
Die Staatsflagge Afghanistans ist schwarz-rot-grün.	*bairaq-e Afghânistan sijâh, sorkh wa sabz ast.*	بیرق افغانستان سیاه، سرخ و سبز است.
Er kam vor drei Jahren an die Macht.	*se sâl pêsch ba qodrat âmad.*	سه سال پیش به قدرت آمد.
Frauen und Männer haben gleiche Rechte.	*zan-ô-mard hoquq-e masâwi dârand.*	زن و مرد حقوقی مساوی دارند.
Hast du den Präsidenten gewählt?	*ra'is-e dschamhur râ entekhâb kardi?*	رئیس جمهور را انتخاب کردی؟

Hat er viele Feinde?	*u doschman zjâd dârad?*	او دشمن زیاد دارد؟
Ich fahre oft ins Ausland.	*aghlab ba khâredsch safar mê-konam.*	اغلب به خارج سفر می کنم.
Ich war in vielen Ländern.	*dar besjâri az mamâlek budam.*	در بسیاری از ممالک بودم.
Ist seine Heimat Deutschland?	*watan-asch âlmân ast?*	وطنش آلمان است؟
Kämpfen Frauen für ihre Gleichberechtigung?	*âjâ khânomhâ barâ-je hoquq-e khôd mê-dschangand?*	آیا خانمها برای حقوق خود می‌جنگند؟
Nach der Revolution ...	*ba'd az enqelâb-e ...*	بعد از انقلاب ...
Sind in Afghanistan viele Ausländer?	*dar afghânistan khâridschi zjâd ast?*	در افغانستان خارجی زیاد است؟
War er ein Diktator?	*u jak diktâtôr bud?*	او یک دیکتاتور بود؟
Was wollen Sie sagen?	*tschi mê-khâhêd begôjêd?*	چه می‌خواهید بگویید؟

Was willst du sagen?	*tschi mê-khâhi begôji?*	چه میخواهی بگوئی؟
Welche Partei wählen Sie?	*kodâm hezb râ entekhâb mê-konêd?*	کدام حزب را انتخاب می کنید؟
Welche Partei wurde gewählt?	*kodâm hezb entekhâb schod?*	کدام حزب انتخاب شد؟
Willst du in diese Partei eintreten?	*mê-khâhi ke dar in hezb dâkhel schawi?*	میخواهی که در این حزب داخل شوی؟
Wer wurde gewählt?	*ki entekhâb schod?*	کی انتخاب شد؟
Wurde der Präsident vom Volk gewählt?	*âjâ ra'is-e dschamur az tarafe mardom entekhâb schod?*	آیا رئیس جمهور از طرف مردم انتخاب شد؟
Wurde eine neue Regierung gewählt?	*jak daulat-e nau entekhâb schod?*	یک دولت نو انتخاب شد؟

Zeitangaben

Anfang März.	*schorô'-e mârs.*	شروع مارس.
Besser um acht Uhr.	*sâ'at-e hascht behtar ast.*	ساعت هشت بهتر است.
Binnen einer Woche.	*dar zarf-e jak hafta.*	در ظرف یک هفته.
Bitte vor zehn Uhr.	*lotfan, pêsch az dah.*	لطفاً، پیش از ده.
Dienstag früh.	*se-schambe sob(h).*	سه شنبه صبح.
Donnerstag Abend.	*pandsch-schambe schab/schâm.*	پنجشنبه شب/شام.
Ende April.	*âkher-e april.*	آخر اپریل.
Ende Herbst.	*âkher-e khazân.*	آخر خزان.
Es dauert zwei Stunden.	*du sâ'at râ darbar mê-girad.*	دو ساعت را دربر می‌گیرد.

Es ist früh.	*waqt ast/ zud ast.*	وقت است / زود است.
Es ist Mitternacht.	*nesf-e schab ast.*	نصف شب است.
Es ist noch so früh.	*hanôz waqt ast.*	هنوز وقت است.
Es ist Schlafenszeit.	*waqt-e khâb ast.*	وقت خواب است.
Es ist schon drei Uhr.	*se badscha ast.*	سه بجه است.
Es ist schon spät.	*nâwaqt schoda (ast).*	نا وقت شده (است).
Es ist Viertel vor zwei.	*pânzdah kam du ast/pânzdah daqiqa ba du mânda (ast).*	پانزده‌کم دو است/ پانزده دقیقه به دو مانده (است).
Es ist zwei Uhr.	*du badscha ast.*	دوبجه است.
Es ist schon drei Uhr.	*se badscha schoda (ast).*	سه بجه شده (است).

Es wird allmählich spät.	*âhesta âhesta nâwaqt mê-schwad.*	آهسته آهسته نا وقت می‌شود.
Gegen fünf Uhr.	*tarafhâ-je pandsch badscha.*	طرفهای پنج بجه.
Genau um drei Uhr.	*daqiq sâ'at-e se.*	دقیق ساعت سه.
Haben Sie am Vormittag Zeit?	*qabl az zohr/ pêsch az tschâscht waqt dârêd?*	قبل از ظهر / پیش از چاشت وقت دارید؟
Hast du Zeit?	*waqt dari?*	وقت داری؟
Hat er/sie Zeit?	*u waqt darad?*	او وقت دارد؟
Heute ist Montag, der 3. Juni.	*emrôz*[7] *du-schambe se dschun ast.*	امروز دوشنبه سه جون است.
Ich habe einen Termin mit ...	*bâ ... wa'da dâram.*	با ... وعده دارم.
Ich schlafe immer um zehn Uhr abends.	*hamêscha sâ'at-e dah-e schab mê-khâbam.*	همیشه ساعت ده شب می‌خوابم.

7 (heute) *emrôz*, (Tag) *rôz*, (gestern) *dirôz*, (morgen) *fardâ*, (übermorgen) *pasfardâ*, (Nachmittag) *bad az tschâscht/bad az zohr*, (Vormittag) *pisch az tschâscht/ qabl az zohr*, (Abend) *schab*, (gestern Abend) *dischab*, (heute Abend) *emschab*, (morgen Abend) *fardâ schab*.

Ich spiele dienstags immer Fußball.	*hamêscha rôzhâ-je se-schambe fôtbâl bâzi mê-konam.*	همیشه روزهای سه‌شنبه فوتبال بازی می کنم.
Im Februar ...	*dar febwari ...*	درفبوری ...
Im nächsten Jahr (wenn Gott will).	*sâl-e âjenda (enschâl'lâh).*	سال آینده (انشاالله).
In der Stadt.	*dar schahr.*	در شهر.
In drei Stunden.	*se sâ'at ba'd.*	سه ساعت بعد.
Kommen Sie pünktlich!	*sar-e waqt bejâjêd!*	سر وقت بیایید!
Meine Uhr ist nicht aufgezogen.	*sâ'atam kôk na-dârad.*	ساعتم کوک ندارد.
Montag Nachmittag.	*du-schambe ba'd az zohr/ ba'd az tschâscht.*	دوشنبه بعد از ظهر / بعداز چاشت.
Morgens, mittags, abends.	*sobhâna, tschâschtâna, schabâna.*	صبحانه، چاشتانه، شبانه.
Nächstes Jahr.	*sâl-e âjenda/ sâl-e digar.*	سال آینده / سال دیگر.

Neujahrsfest.	*dschaschn-e sâl-e nau/naurôz.*	جشن سال نو / نوروز.
So alt ist er schon?	*inqadar pir/ mosen ast?*	این قدر پیر / مسن است؟
Sonntags.	*jak-schambe hâ.*	یکشنبه ها.
Um halb acht.	*sâ'at-e haft-ô-nim.*	ساعت هفت و نیم.
Um Viertel nach fünf.	*sâ'at-e pandsch-ô-pânzda.*	ساعت پنج و پانزده.
Um wie viel Uhr?	*sâ'at-e tschand?*	ساعت چند؟
Um zwei Uhr.	*sâ'at-e du.*	ساعت دو.
Vergangene Woche.	*hafta-je gozaschta.*	هفتهٔ گذشته.
Von zwei Uhr morgens / Seit zwei Uhr morgens.	*az du-je sob(h).*	از دوی صبح.
Von wann bis wann arbeiten Sie?	*az tschand tâ tschand kâr mê-konêd?*	از چند تا چند کارمی کنید؟
Wann beginnen Sie?	*tschi waqt/kai schorô' mê-konêd?*	چه وقت / کی شروع می کنید؟

Wann fangen wir an?	*tschi waqt schorô‘ konêm?*	چه وقت شروع کنیم؟
Wann frühstücken Sie?	*tschi waqt tschâ-je sob(h)/ sobhâna mê-khôrêd?*	چه وقت چای صبح/صبحانه می‌خورید؟
Wann gehen Sie zur Arbeit?	*sâ‘at-e tschand kâr mê-rawêd?*	ساعت چند کار می‌روید؟
Wann ist das Fest?	*dschaschn tschi waqt ast?*	جشن چه وقت است؟
Wann ist es fertig?	*tschi waqt khalâs mê-schawad?*	چه وقت خلاص می‌شود؟
Wann ist es zu Ende?	*tschi waqt tamâm mê-schwad?*	چه وقت تمام می‌شود؟
Wann sehen wir uns?	*tschi waqt/kai bebinêm?*	چه وقت/کی ببینیم؟
Wann steht Frau ... auf?	*kai khânom-e ... bêdâr mê-schawad?*	کی خانم ... بیدارمی‌شو د؟
Wann kommt Frau ... an?	*kai khânom-e ... mê-rasad?*	کی خانم ... می‌رسد؟

Was für ein Tag ist heute?	*emrôz kodâm rôz ast?*	امروز کدام روز است؟
Wie lange ist geöffnet?	*tâ tschand bâz ast?*	تا چندباز است؟
Wie lange ist zu?	*tâ tschand basta ast?*	تا چند بسته است؟
Wie spät ist es?	*sâ'at tschand ast?*	ساعت چند است؟
Zwei Stunden lang.	*du sâ'at-e tamâm.*	دوساعت تمام.
Zwischen ein und zwei Uhr.	*bain-e sâ'at-e jak-ô-du.*	بین ساعت یک و دو.
Zwischen April und Mai.	*bain-e april-ô-mai.*	بین اپریل و می.

Wegbeschreibung

Aus welcher Richtung?	*az kodâm taraf?*	از کدام طرف؟
Dann bei der Ampel abbiegen!	*bâz dar tscherâgh-e eschâra daur bezanêd!*	باز در چراغ اشاره دور بزنید!
Das Postamt ist in der Stadt.	*posta khâna dar schahr ast.*	پسته خانه در شهر است.
Der Weg ist ganz kaputt.	*râh besjâr kharâb ast.*	راه بسیار خراب است.
Diese Brücke ist kaputt.	*in pol kharâb ast.*	این پل خراب است.
Dieser Weg ist ganz kaputt.	*in râh kâmel kharâb ast.*	این راه کامل خراب است.
Entschuldigung, wie komme ich zur Deutschen Botschaft?	*bebakhschêd, tschetôr mê-tawânam ke tâ sefârat-e âlmân berawam?*	ببخشید، چطور می‌توانم که تا سفارت آلمان بروم؟

Es staubt sehr.	*besjâr khâkbâd ast.*	بسیار خاکباد است.
Entschuldigung, wie komme ich zur Post?	*bebakhschêd, tschetôr mê-tawânam ke tâ postakhâna berawam?*	ببخشید، چطور می‌توانم که تا پسته خانه بروم؟
Fahren Sie lieber mit dem Taxi!	*behtar ast ke bâ taksi berawêd!*	بهتر است که با تکسی بروید!
Gehen Sie etwas langsamer!	*kamê âhestatar berawêd!*	کمی آهسته تر بروید!
Gehen Sie geradeaus!	*mostaqim berawêd!*	مستقیم بروید!
Gleich gegenüber.	*ândschâ, rubaru.*	آنجا، روبرو.
Ich kam dort hin.	*ândschâ âmadam.*	آنجا آمدم.
Ich suche das Postamt.	*posta khâna râ mê-pâlam.*	پسته خانه را می پالم.
In welcher Straße ist ...?	*... dar kodâm sarak ast?*	... در کدام سرک است؟

Ist hier in der Nähe eine Bäckerei?	*dar in nazdiki hâ kodâm nânwâji ast?*	در این نزدیکی‌ها کدام نانوائی است؟
Können wir zu Fuß gehen?	*mê-tawânêm ke pijâda berawêm?*	می‌توانیم که پیاده برویم؟
Sie ist dort.	*u ândschâst.*	اوآنجاست.
Sie ist auf der linken Seite.	*ba taraf-e tschap ast.*	بطرف چپ است.
Sie ist auf der rechten Seite.	*ba taraf-e râst ast.*	بطرف راست است.
Tut mir leid, das weiß ich nicht genau.	*mota'sefâna, dorost na-mê-dânam.*	متأسفانه، درست نمی‌دانم.
Vielleicht geradeaus.	*schâjad mostaqim.*	شاید مستقیم.
Wie komme ich ...?	*tschetôr mê-tawânam ... berawam?*	چطور می‌توانم ... بروم؟
Wie weit ist es zum/zur ...?	*tâ ... tscheqadar fâsela dârad?*	تا ... چقدر فاصله دارد؟

Wo ist das Fremden-verkehrsbüro?	*daftar-e ma'lumât barâ-je khâridschi hâ kodschâst?*	دفتر معلومات برای خارجی ها کجاست؟
Wo ist das Frauen-ministerium?	*wezârat-e omur-e zanân kodschâst?*[9]	وزارت امور زنان کجاست؟
Wo ist das Postamt?	*posta khâna kodschâst?*	پسته خانه کجاست؟
Wo sind wir?	*kodschâ hastêm?*	کجا هستیم؟
Wo ist er/sie?	*u kodschâst?*	او کجاست؟
Zeigen Sie mir bitte den/die/das ...!	*(lotfan), ... râ ba man neschân bedehêd!*	لطفاً، ... را به من نشان بدهید!

9 Ministerium: (Frauenministerium) *wezârat-e omur-e zanân* / (Auswärtiges Amt) *wezârat-e khâredscha* / (Bildungsministerium) *wezârat-e mo'âref*/ (Wirtschaftsministerium) *wezârat-e eqtesâd* ...

Telefon

Bitte sagen Sie Herrn ..., dass ich hierhergekommen bin.	*khâhêsch mê-konam ba âqâ-je ... begôjêd ke man indschâ âmada-am.*	خواهش می کنم به آقای ... بگویید که من اینجا آمده‌ام.
Einen Moment bitte!	*bebakhschêd, jak lahza!*	ببخشید، یک لحظه!
Entschuldigung, ich habe mich verwählt.	*bebakhschêd, eschtebâ kardam.*	ببخشید، اشتباه کردم.
Gestern Abend habe ich ange-rufen, Sie waren nicht zu Hause.	*dischab telefon kardam, schomâ khâna na-budêd.*	دیشب تلفن کردم، شما خانه نبودید.
Hallo.	*balê, befarmâjêd.*	بلی، بفرمایید.
Hast du Telefon?	*telefon dâri?*	تلفن داری؟
Herr ... ist nicht im Haus.	*âqâ-je ... khâna nêstand.*	آقای ... خانه نیستند.

Ich möchte Frau ... sprechen.	*mê-khâham ke bâ khânom-e ... sohbat konam.*	می‌خواهم که با خانم ... صحبت کنم.
Können Sie Ihre Adresse aufschreiben?	*mê-tawânêd ke âdras-e khôd râ benawisêd?*	می‌توانید که آدرس خود را بنویسید؟
Können Sie später anrufen?	*mê-tawânêd ke tschand lahza ba'd zang bezanêd?*	می‌توانید که چند لحظه بعد زنگ بزنید؟
Mit wem spreche ich?	*bâ ki sohbat mê-konam?*	با کی صحبت می کنم؟
Um vier Uhr habe ich angerufen.	*sâ'at-e tschahâr telefon kardam.*	ساعت چهار تلفن کردم.
Um wie viel Uhr haben Sie angerufen?	*sâ'at-e tschand telefon kardêd?*	ساعت چند تلفن کردید؟
Wann ist Herr ... zu Hause?	*âqâ-je ... tschi waqt khâna mê-bâschand?*	آقای ... چه وقت خانه می باشند؟
Wann kann ich ihn sehen?	*tschi waqt mê-tawânam u râ bebinam?*	چه وقت می‌توانم او را ببینم؟

<table>
<tr><td>Wann kann ich ihn sprechen?</td><td>tschi waqt mê-tawânam u râ molâqât konam?</td><td>چه وقت می‌توانم او را ملاقات کنم؟</td></tr>
<tr><td>Wer ist am Apparat?</td><td>bebakhschêd, schomâ kistêd?</td><td>ببخشید، شما کیستید؟</td></tr>
<tr><td>Wie ist es mit dem Dienstag?</td><td>rôz-e se-schambe tschetôr ast?</td><td>روز سه شنبه چطور است؟</td></tr>
<tr><td>Wie ist Ihre Telefonnummer?</td><td>nomr-e telefon-e tân tschand ast?</td><td>نمره تلفن تان چند است؟</td></tr>
<tr><td>Wir kommen auf jeden Fall.</td><td>hatman mê-âjêm.</td><td>حتماً می‌آییم.</td></tr>
<tr><td>Er/Sie kommt auf jeden Fall (wenn Gott will).</td><td>hatman mê-âjad (enschâl'lâh).</td><td>حتماً می‌آید (انشاالله).</td></tr>
</table>

Restaurant

Aber ja.	*balê, wâzeh/ ma'lumdâr.*	بلی/ بله ، واضح / معلومدار.
Bitte bringen Sie mir ...!	*lotfan, jak ... bejâwarêd!*	لطفاً، یک ... بیاورید!
Bitte nehmen Sie Platz!	*befarmâjêd, benschinêd!*	بفرمایید، بنشینید!
Bitteschön, was essen Sie?	*befarmâjêd, tschi mê-khôrêd?*	بفرمایید، چه می‌خورید؟
Bitteschön, was wünschen Sie?	*befarmâjêd, tschi majl dârêd?*	بفرمایید، چه میل دارید؟
Bring Tee!	*tschâi bejâr!*	چای بیار!
Darf ich mich zu Ihnen setzen?	*edschâza ast ke pahlu-je tân benschinam?*	اجازه است که پهلوی تان بنشینم؟
Darf ich rauchen?	*edschâza ast ke segret bekascham?*	اجازه است که سگرت بکشم؟

Darf ich Sie um einen Gefallen bitten?	*az schomâ jak khâhesch dâram?*	از شما یک خواهش‌دارم؟
Das haben wir nicht bestellt.	*in râ mâ farmâjesch/ sefâresch na-dâdêm.*	این را ما فرمایش / سفارش ندادیم.
Das ist auch für Sie.	*in ham barâ-je schomâst.*	این هم برای شماست.
Das macht 49 Afghani.	*tschehel-ô-noh afghani mê-schawad.*	چهل و نه افغانی می‌شود.
Den Rauch kann ich nicht vertragen.	*dud râ tahamol karda na-mê-tawânam.*	دود را تحمل کرده نمی‌توانم.
Die Rechnung bitte!	*lotfan, bel/ sôrat-e hesâb râ bjâwarêd!*	لطفاً ، بل / صورت حساب را بیاورید!
Einen Moment.	*jak lahza.*	یک لحظه.
Einen Tisch für ... Personen.	*jak mêz barâ-je ... nafar.*	یک میز برای ... نفر.

Entschuldigen Sie bitte, gibt es ein gutes Restaurant hier?	*bebakhschêd, jak rasturân-e khub indschâ ast?*	ببخشید، یک رستوران خوب اینجا است؟
Erlauben Sie!	*ba edschâza-je schomâ!*	به اجازهٔ شما!
Es war gut.	*khub bud.*	خوب بود.
Es ist sehr lecker.	*besjâr laziz ast.*	بسیار لذیذ است.
Es ist sehr gut.	*besjâr khub ast.*	بسیار خوب است.
Für mich bitte Spinat mit Reis.	*barâ-je man jak «sabzitschalau»*[10].	برای‌من یک "سبزی‌چلو".
Ganz toll!	*besjâr khub!*	بسیار خوب!
Guten Appetit!	*nôsch-e dschân/ eschtehâ-je khub!*	نوش جان / اشتهای خوب!
Hier ist das Teehaus.	*indschâ tschâi khâna ast.*	اینجا چای‌خانه است.

10 Afghanische Spezialitäten: *mantu/âschak/âsch/qâbili-palau/nâreng-palau/sabsi-tschalau/dâl-tschalau* ... (s. Kochbuch, Simin Heiderfazel).

Ich bin satt.	*sêr hastam.*	سیر هستم.
Ich bin satt.	*sêr schodam.*	سیر شدم.
Ich bringe sie gleich.	*fauran mê-âwaram.*	فوراً می‌آورم.
Ich hätte gern eine «Mantu».	*delam jak «mantu» mê-schawad.*	دلم یک "منتو" می‌شود.
Ich mag ...	*man … râ khôsch dâram.*	من ... را خوش دارم.
Ich möchte gerne eine «Mantu».	*jak «mantu» mê-khâham.*	یک "منتو" می‌خواهم.
Ich sterbe vor Hunger.	*az grosnagi mê-miram.*	از گرسنگی می‌میرم.
Ich trinke einen grünen Tee mit Milch.	*jak tschâi sabz bâ schir mê-nôscham/ mê-khôram.*	یک چای سبز با شیر می‌نوشم/ می‌خورم.
Ist der Stuhl noch frei?	*in tschauki hanôz khâli ast?*	این چوکی هنوز خالی‌است؟
Ist hier noch frei?	*indschâ hanôz khâlist?*	اینجا هنوز خالیست؟

Können Sie mir ein gutes Restaurant empfehlen?	*mê-tawânêd ke barâ-je man jak rasturân-e khub mo'arefi konêd?*	می‌توانید که برای من یک رستوران خوب معرفی کنید؟
Möchten Sie noch etwas essen?	*mê-khâjêd ke digar ham tschizê bekhôrêd?*	می‌خواهید که دیگر هم چیزی بخورید؟
Möchtest du ein Glas Wasser?	*jak gilâs âb mê-nôschi/ mê-khôri?*	یک گیلاس آب می‌نوشی / می‌خوری؟
Mögen Sie ...?	*... râ khôsch dârêd?*	... را خوش دارید؟
Nein, der Platz ist besetzt.	*ne, indschâ gerefta schoda (ast).*	نه، این جا گرفته شده (است).
Ob Sie auch ... mögen?	*âjâ schomâ ham ... râ khôsch dârêd?*	آیا شما هم ... را خوش دارید؟
Prima!	*besjâr khub!*	بسیار خوب!
Schmeckt es?	*khôschmaza ast / maza mê-dehad?*	خوشمزه است / مزه می‌دهد؟

Setzen Sie Tee auf!	*tschâi dam konêd!*	چای دم کنید!
Sie wollen alle gerne ... essen.	*hama mê-khâhand ke ... bekhôrand.*	همه می‌خواهند که... بخورند.
Sie wünschen?	*tschi khâhesch dârêd/ mê-khâhêd?*	چه خواهش دارید/ می‌خواهید؟
Sind Sie durstig?	*taschna hastêd?*	تشنه هستید؟
Trinken Sie noch ein Glas?	*mê-khâjêd ke jak gilâs-e digar ham benôschêd?*	می‌خواهید که یک گیلاس دیگر هم بنوشید؟
Trinkst du Tee?	*tschâi mê-nôschi/ mê-khôri?*	چای می‌نوشی/ می‌خوری؟
Was bestellen Sie?	*tschi farmâjesch/ sefâresch mê-dehêd?*	چه فرمایش/ سفارش می‌دهید؟
Was essen Sie?	*tschi mê-khôrêd?*	چه می‌خورید؟
Was essen die Kinder?	*batscha hâ tschi mê-khôrand?*	بچه ها چه می‌خورند؟

Was möchten Sie?	*tschi mail dârêd?*	چه میل دارید؟
Was schmeckt Ihnen nicht?	*tschi schomâ râ maza na-mê-dehad?*	چه شما را مزه نمی‌دهد؟
Was schmeckt Ihnen?	*tschi schomâ râ maza mê-dehad?*	چه شما را مزه می‌دهد؟
Was trinken Sie?	*tschi mê-nôschêd?*	چه می‌نوشید؟
Welche afghanischen Essen mögen Sie?	*kodâm ghezâ-je afghâni râ khôsch dârêd?*	کدام غذای افغانی را خوش دارید؟
Wie viel macht es?	*tschand mê-schawad?*	چند می‌شود؟
Wir essen kein Fleisch.	*gôscht na-mê-khôrêm.*	گوشت نمی‌خوریم.
Wir essen kein Reis.	*berendsch na-mê-khôrêm.*	برنج نمی‌خوریم.
Wir haben leider kein/keine/keinen ... mehr.	*mota'sefâna, ... na-dârêm / ... khalâs schoda (ast).*	متأسفانه... نداریم/خلاص شده (است).
Wir hätten gern die Speisekarte.	*minô-je ghezâ râ mê-khâhêm.*	مینوی غذا را می‌خواهیم.

Wir möchten zahlen.	*mê-khâhêm bepardâzêm.*	می‌خواهیم بپردازیم.
Wir sind nur zu zweit.	*tanhâ du nafar hastêm.*	تنها دو نفر هستیم.
Zum Wohl!	*ba salâmati!*	به سلامتی!
Zusammen oder getrennt?	*jakdschâ jâ dschedâgâna?*	یکجا یا جداگانه؟

Wetter

Das Wetter ist sehr trocken.	*hawâ besjâr khoschk ast.*	هوا بسیار خشک است.
Der Himmel ist dunkel/hell.	*âsmân târik / rôschan ast.*	آسمان تاریک / روشن است.
Der Teich fror zu.	*hauz râ jakh zada (ast).*	حوض را یخ زده (است).
Das Wetter bleibt so schlecht/schön.	*hawâ intôr kharâb / khub mê-mânad.*	هوا اینطور خراب/خوب می ماند.
Es friert.	*jakh mê-zanad/ mê-bandad.*	یخ می زند/ می بندد.
Es ist feucht.	*hawâ martub ast.*	هوا مرطوب است.
Es ist stickig.	*hawâ khafa konenda ast.*	هوا خفه کننده است.

Es ist Tau gefal-len.	*schabnam zada.*	شبنم زده.
Es ist warm/kalt heute.	*emrôz hawâ garm / sard ast.*	امروز هوا گرم/ سرد است.
Es regnet.	*bârân mê-bârad.*	باران می بارد.
Es schneit.	*barf mê-bârad.*	برف می بارد.
Es wird wärmer/ kälter.	*garmtar/sardtar mê-schawad.*	گرمتر/سردتر میشود.
Es wird wieder schön.	*dobâra khub mê-schawad.*	دوباره خوب میشود.
Gestern war es wolkig.	*dirôz hawâ abrâlud bud.*	دیروز هوا ابرآلود بود.
Heute ist das Wetter schön (klar).	*emrôz hawâ sâf ast.*	امروز هوا صاف است.
Ist es günstiges Wetter?	*hawâ mosâ'ed ast?*	هوا مساعد است؟
Morgen wird das Wetter schön (klar) sein.	*fardâ hawâ sâf mê-schawad.*	فردا هوا صاف میشود.
Was für ein schö-ner Tag!	*tschi jak rôz-e khub!*	چه یک روز خوب!

Was für ein schönes Wetter!	*tschi jak hawâ-je khub!*	چه یک هوای خوب!
Wie ist heute das Wetter?	*emrôz hawâ tschetôr ast?*	امروز هوا چطور است؟
Wie viel Grad sind es?	*tschand daradscha ast?*	چند درجه است؟
Wie wird das Wetter heute?	*hawâ-je emrôz tschetôr mê-schawad?*	هوا ی امروز چطور می‌شود؟
Wie wird das Wetter am Wochenende?	*hawâ-je âkher-e hafta tschetôr mê-schawad?*	هوا ی آخرهفته چطور می‌شود؟

Besichtigungen/Vergnügung

Gibt es hier Moscheen?	*âjâ indschâ jak masdsched ast?*	آیا اینجا یک مسجد است؟
Haben Sie morgen etwas vor?	*Fardâ kodâm barnâma/plân dârêd?*	فردا کدام برنامه/پلان دارید؟
Haben wir Zeit?	*waqt dârêm?*	وقت داریم؟
Hier ist es sehr schmutzig.	*indschâ besjâr kasif ast.*	اینجا بسیار کثیف است.
Ich bin Lehrer an der Amani-Schule.	*mo'alem-e maktab-e amâni hastam.*	معلم مکتب امانی هستم.
Ich bin müde.	*khasta hastam.*	خسته هستم.
Ich gehe morgen nach Bamjan.	*fardâ bâmjân mê-rawam.*	فردا بامیان می‌روم.

Ich habe gestern Freunde besucht.	*dirôz dôstân râ molâqât kardam/didam.*	دیروز دوستان را ملاقات کردم/دیدم.
Ich habe lange geschlafen.	*dir khâbidam.*	دیر خوابیدم.
Ich hatte zu tun.	*kâr dâschtam.*	کارداشتم.
Ich möchte mich für den Tagesausflug nach ... anmelden.	*mê-khâham ke ba safar-e jak rôza-je ... sabt-e nâm konam.*	میخواهم که به سفر یک روزهٔ ... ثبت نام کنم.
Ich war arbeiten.	*kâr budam.*	کار بودم.
Ich war im ...ministerium.	*wezârat-e ... budam.*	وزارت ... بودم.
Ich war im Krankenhaus.	*schefâkhâna budam.*	شفاخانه بودم.
Ich war in einem Konzert/Theater.	*ba jak kansart / tajâtar budam.*	به یک کنسرت / تیاتر بودم.
Ich war in Herat.	*herât budam.*	هرات بودم.
Ich warte auf jemanden.	*montazer-e kasê hastam.*	منتظر کسی هستم.

Ist das Museum heute geschlossen/offen?	*emrôz muzjam basta / bâz ast?*	امروز موزیم بسته / باز است؟
Ist es weit?	*dur ast?*	دور است؟
Kann ich hinaufgehen?	*mê-tawânam ke bâlâ berawam?*	می‌توانم که بالا بروم؟
Können Sie mich zu einer afghanischen Feier führen?	*mê-tawânêd marâ ba jak dschaschn-e afghâni bebarêd?*	می‌توانید مرا به یک جشن افغانی ببرید؟
Meine Frau hat sich sehr gefreut.	*khânomam besjâr khôsch schod.*	خانمم بسیار خوش شد.
Sehen Sie es sich an!	*in râ bebinêd/ tamâschâ konêd!*	این را ببینید / تماشا کنید!
Selbstverständlich kommen wir.	*wâzeh/albata/ ma'lumdâr mê-âjêm.*	واضح / البته / معلومدار می‌آییم.
Sie haben sich sehr bemüht!	*besjâr zahmat kaschidêd!*	بسیار زحمت کشیدید!

Sind Sie Lehrer an der Universität ...?	*ostâd-e* *dâneschgâh-e/* *pôhantun-e ...* *hastêd?*	استاد دانشگاه/ پوهنتون ... هستید؟
Sind Sie nicht müde geworden?	*khasta* *na-schodêd?*	خسته نشدید؟
Verzeihen Sie mein Zuspätkommen!	*ma'zerat* *mê-khâham* *ke nâwaqt* *âmadam!*	معذرت می‌خواهم که نا وقت آمدم!
Vielen Dank für die Einladung.	*besjâr* *taschakor az* *da'wat-e tân.*	بسیار تشکر از دعوت تان.
Wann kommen wir zurück?	*tschi waqt pas* *mê-âjêm?*	چه وقت پس‌می‌آییم؟
Wann sehen wir uns wieder?	*tschi waqt* *mê-tawânêm* *dôbâra bebinêm?*	چه وقت می‌توانیم دوباره ببینیم؟
Wann wurde das gebaut?	*tschi waqt* *âbâd schoda* *(ast)?*	چه وقت آباد شده (است)؟

Warum wollen Sie gehen?	*tscherâ* *mê-khâhêd* *berawêd?*	چرا می‌خواهید بروید؟
Was arbeiten Sie?	*tschi kâr* *mê-konêd?*	چه کار می‌کنید؟
Was arbeitet Ahmad?	*ahmad tschi kâr* *mê-konad?*	احمد چه کار می‌کند؟
Was haben Sie am Wochenende gemacht?	*âkher-e hafta* *tschi kardêd?*	آخر هفته چه کردید؟
Was machen Sie am Wochenende?	*âkher-e hafta* *tschi mê-konêd?*	آخر هفته چه می‌کنید؟
Was machen Sie heute?	*emrôz tschi* *mê-konêd?*	امروز چه می‌کنید؟
Was machen Sie im Sommer?	*dar tâbestân* *tschi mê-konêd?*	در تابستان چه می‌کنید؟
Wir haben leider keine Zeit.	*mota'sefâna, waqt* *na-dârêm.*	متأسفانه، وقت نداریم.

Hotel

Darf man hier rauchen?	*edschâzast ke kasê indschâ segret bekaschad?*	اجازه است که کسی اینجا سگرت بکشد؟
Das Frühstück ist fertig.	*sobhâna/ tschâi-je sob(h) tajâr ast.*	صبحانه / چای صبح تیار است.
Das Licht funktioniert nicht.	*tscherâgh kâr na-mê-dehad.*	چراغ کار نمی‌دهد.
Die Heizung funktioniert nicht.	*bokhâri kâr na-mê-dehad.*	بخاری کار نمی‌دهد.
Dieser Ofen taugt nichts.	*in bokhâri ba dard na-mê-khôrad.*	این بخاری بدرد نمی‌خورد.
Dieses Zimmer ist dunkel.	*in otâq târik ast.*	این اطاق تاریک است.
Einzelzimmer/ Doppelzimmer?	*otâq-e jak-nafara / du-nafara?*	اطاق یک نفره / دو نفره؟

Es kommt kein warmes Wasser.	*âb-e garm na-mê-âjad.*	آب گرم نمی‌آید.
Es kommt nur kaltes Wasser.	*serf âb-e sard mê-âjad.*	صرف آب سرد می‌آید.
Für eine Nacht / Für zwei oder drei Nächte?	*barâ-je jak schab / barâ-je du jâ se schab?*	برای یک شب / برای دو یا سه شب؟
Gibt es in der Nähe ein ...?	*dar in nazdikihâ jak ... ast?*	در این نزدیکی‌ها یک ... است؟
Haben Sie noch ein Zimmer frei?	*jak otâq-e khâli digar ham dârêd?*	یک اطاق خالی دیگر هم دارید؟
Haben Sie ein freies Zimmer für uns?	*jak otâq-e khâli barâ-je mâ dârêd?*	یک اطاق خالی برای ما دارید؟
Ich habe ein Zimmer mit einer kleinen Küche.	*jak otâq bâ jak âschpazkhâna-je khôrd dâram.*	یک اطاق با یک آشپزخانهٔ خورد دارم.
Ich komme herunter.	*pâjin mê-âjam.*	پائین می‌آیم.

Ich möchte abgekochtes Wasser haben.	*âb-e dschôsch mê-khâham.*	آب جوش می‌خواهم.
Ich möchte einen Führer, der Deutsch versteht.	*jak rahnomâ mê-khâham ke âlmâni befahmad.*	یک رهنما می‌خواهم که آلمانی بفهمد.
Ich suche ein Haus.	*dar dschostodschô-je jak khâna astam.*	درجستجوی یک خانه هستم.
Ich suche ein Zimmer.	*jak otâq*[11] *mê-pâlam*	یک اطاق می پالم.
Ich suche eine Zweizimmer-wohnung.	*dar dschostodschô-je jak âpârtomân-e du otâqa astam.*	درجستجوی یک آپارتمان دو اطاقه هستم.
Ich suche eine Wohnung.	*jak âpârtomân mê-pâlam.*	یک آپارتمان می پالم.
Ist das inklusive Frühstück?	*bâ tschâ-je sob(h)/ sobhâna ast?*	با چای صبح/ صبحانه است؟
Gibt es eine Nachricht für mich?	*âjâ jak khabar barâ-je man ast?*	آیا یک خبر بر ای من است؟

11 (Einzelzimmer) *otâq-e jaknafara*, (Zweibettzimmer) *otâq-e dunafara*, (für eine Nacht) *barâje jak schab*, (für eine Woche) *barâje jak hafta* ...

Ja, ein Zimmer ist frei.	*balê, jak otâq khâli ast.*	بلی/ بله، یک اطاق خالی است.
Kann ich es haben?	*mê-tawânam ke ânrâ dâschta bâscham?*	می توانم که آنرا داشته باشم؟
Kann ich morgen schon um sieben Uhr frühstücken?	*mê-tawânam ke sob(h) sâ'at-e haft tschâi bekhôram?*	می‌توانم که صبح ساعت ۷ چای بخورم؟
Könnte ich bitte noch ein Handtuch haben?	*mê-tawânam ke jak dastmâl-e rui dâschta bâscham?*	می‌توانم که یک دستمال روی داشته باشم؟
Könnte ich bitte noch ein/eine/einen ... haben?	*mê-tawânam ke jak ... digar ham dâschta bâscham?*	می توانم که یک ... دیگر هم داشته باشم؟
Machen Sie das Licht aus!	*tscherâgh râ khâmôsch konêd!*	چراغ را خاموش کنید!
Mit Dusche und WC.	*bâ schâwar wa hamâm-e modern.*	با شاور و حمام مدرن.
Schließen Sie das Fenster!	*pandschara/ kelkin râ bebandid/ basta konêd!*	پنجره/کلکین را ببندید / بسته کنید!

Schließen Sie die Tür ab!	*darwâza/dar râ bebandêd!*	دروازه/در را ببندید!
Wann gibt es hier Frühstück?	*waqt-e sobhâna kai ast?*	وقت صبحانه کی است؟
Was für ein Zimmer?	*tschi qesm jak otâq?*	چه قسم یک اطاق؟
Wecken Sie mich bitte um vier Uhr!	*lotfan, sâ'at-e tschahâr marâ bêdâr konêd!*	لطفاً، ساعت چهار مرا بیدار کنید!
Wie viele Zimmer brauchen Sie?	*tschand otâq kâr dârêd?*	چند اطاق کار دارید؟
Wie weit ist es bis ins Stadtzentrum?	*tâ markaz-e schahr tscheqadar fâsela dârad?*	تا مرکز شهر چقدر فاصله دارد؟
Wir haben ein Zimmer reserviert.	*jak otâq rizarf kardêm/gereftêm.*	یک اطاق ریزرف کردیم/گرفتیم.
Wir haben heute nichts frei.	*emruz hêtsch otâq-e khâli na-dârêm.*	امروز هیچ اطاق خالی نداریم.

Wir reisen übermorgen ab.	*pasfardâ safar mê-konêm.*	پسفردا سفر می کنیم.
Wir sind leider ausgebucht.	*mota'sefâna otâq-e <u>kh</u>âli na-dârêm.*	متأسفانه، اطاق خالی نداریم.
Wir werden eine Woche bleiben.	*jak hafta mê-mânêm.*	یک هفته می‌ما نیم.
Wir werden nur einen Tag bleiben.	*serf jak ruz mê-mânêm.*	صرف یک روز می‌ما نیم.
Wo gibt es hier ...?	*... ko<u>dsch</u>âst?*	... کجاست؟
Wo ist der Speisesaal?	*otâq-e nân ko<u>dsch</u>âst?*	اطاق نان کجاست؟
Wo können wir übernachten?	*ko<u>dsch</u>â mê-tawânêm ke schab bemânêm?*	کجا می‌توانیم که شب بمانیم؟
Wo ist bitte der Fitnessbereich?	*beba<u>kh</u>schêd, otâq-e warzesch ko<u>dsch</u>âst?*	ببخشید، اطاق ورزش کجاست؟

Wo sind bitte die Toiletten?	*bebakhschêd, taschnâb/ baitolkhalâ kodschâst?*	ببخشید، تشناب/بیت‌الخلا کجاست؟

Wohnung

Das sollte nicht viele Treppen haben!	*besjâr zina na-dâschta bâschad!*	بسیار زینه نداشته باشد!
Die Wohnung muss drei Zimmer haben.	*in âpârtomân bâjad se otâq dâschta bâschad.*	این آپارتمان باید سه اطاق داشته باشد.
Hat das Arbeitszimmer Stuhl, Tisch und Schrank?	*otâq-e kâr tschauki, mêz wa almâri dârad?*	اطاق کار چوکی، میز و الماری دارد؟
Hat dieses Haus auch Garagen?	*in khâna gârâjh ham dârad?*	این خانه گاراژ هم دارد؟
Hat es kein Arbeitszimmer?	*otâq-e kâr na-dârad?*	اطاق کار ندارد؟
Hat Ihr Haus auch ein Bad?	*khâna-je schomâ jak hamâm ham dârad?*	خانهٔ شما یک حمام‌هم دارد؟
Hat Ihr Haus auch eine Küche?	*khâna-je schomâ jak âschpazkhâna ham dârad?*	خانهٔ شما یک آشپزخانه هم دارد؟

Hinter unserem Haus ist ein großer und grüner Garten.	*dar aqab-e khâna-je mâ jak bâgh-e kalân wa sarsabz ast.*	در عقب خانهٔ ما یک باغ کلان و سرسبز است.
Ich brauche eine Wohnung mit Balkon.	*jak âpârtomân bâ baranda mê-khâham.*	یک آپارتمان با برنده می‌خواهم.
Ich brauche eine Wohnung.	*jak âpârtomân zarurat/kâr dâram.*	یک آپاتمان ضرورت/کار دارم.
Ich habe ein Haus in Kabul.	*jak khâna dar kâbol dâram.*	یک خانه در کابل دارم.
Ich habe eine Wohnung gefunden.	*jak âpârtomân jâftam.*	یک آپاتمان یافتم.
In welchem Stockwerk?	*dar kodâm tabaqa ast?*	در کدام طبقه است؟
Ist die Wohnung frei?	*in âpârtomân khâli ast?*	این آپاتمان خالی است؟
Ist dieses Haus nicht zu groß?	*in khâna besjâr kalân nêst?*	این خانه بسیار کلان نیست؟

Jenes Haus ist sehr klein.	*ân khâna besjâr khôrd ast.*	آن خانه بسیار خورد است.
Unser Garten hat Obstbäume.	*bâgh-e mâ darakht hâ-je mêwa dârud.*	باغ ما درخت های میوه دارد.
Unser Haus hat drei Zimmer.	*khâna-je mâ se otâq*[12] *dârad.*	خانهٔ ما سه اطاق دارد.
Wann kann ich das Haus ansehen?	*tschi waqt mê-tawânam ke in khâna râ bebinam?*	چه وقت می‌توانم که این خانه را ببینم؟
Was für ein Haus: einstöckiges oder zweistöckiges?	*khâna-je jak manzela jâ du manzela?*	خانهٔ یک منزله یا دو منزله؟
Wie hoch ist die Miete?	*kerâja-asch tschand ast?*	کرایه‌اش چند است؟
Wie groß muss die Wohnung sein?	*in âpârtomân tscheqadar kalân bâjad bâschad?*	این آپارتمان چقدر کلان باید باشد؟

12 (Esszimmer) *otâq-e nân*, (Wohnzimmer) *otâq-e neschimand*, (Schlafzimmer) *otâq-e khâb*, (Kinderzimmer) *otâq-e atfâl*, (Empfangszimmer) *otâq-e pazirâji*, (Arbeitszimmer) *otâq-e kâr* und (Diele) *dahliz*...

Wie viele Afghani darf die Wohnung kosten?	*tâ tschand afghani mê-tawânad ke in khâna qimat dâschta bâschad?*	تا چند افغانی می‌تواند که این خانه قیمت داشته باشد؟
Wie viele Fenster hat das Schlaf-zimmer?	*otâq-e khâb tschand pandschara dârad?*	اطاق خواب چند پنجره دارد؟
Wie viele Stock-werke hat das Haus?	*in khâna tschand manzel/tabaqa dârad?*	این خانه چند منزل/طبقه دارد؟

Postamt

Das will ich mit der Luftpost schicken.	*inrâ mê-khâham ke az tariq-e post-e hawâji beferestam.*	این را می‌خواهم که از طریق پست هوائی بفرستم.
Drei Kilometer von hier.	*az indschâ se kilômeter ast.*	از اینجا سه کیلومتر است .
Geben Sie mir bit-te eine Quittung!	*lotfan, rasid-asch râ bedehêd!*	لطفاً، رسیدش را بدهید!
Geh auf die Post!	*borô ba postakhâna!*	برو به پسته خانه!
Kann ich von hier nach Deutschland telefonieren?	*mê-tawânam ke az indschâ ba dscharmani/âlmân telefon konam?*	می توانم که از اینجا به جرمنی/ آلمان تلفن کنم؟
Kann ich zu Fuß gehen?	*mê-tawânam ke pejâda berawam?*	می توانم که پیاده بروم؟

Können Sie ein Telefax senden?	*mê-tawânêd ke jak faks befrestêd?*	می توانید که یک فکس بفرستید؟
Können Sie es per Luftpost nach Deutschland schicken?	*mê-tawânêd ke tawasut-e post-e hawâji ba dscharmani rawân konêd?*	می‌توانید که توسط پست هوائی به جرمنی روان کنید؟
Mit Luftpost.	*bâ post-e hawâji.*	با پست هوائی.
Per Einschreiben / Express.	*râdschestari / âdschel.*	راجستری / عاجل.
Wann kann ich einen Brief verschicken?	*tschi waqt mê-tawânam ke jak khat/nâma beferestam?*	چه وقت می‌توانم که یک خط/نامه بفرستم؟
Was kostet ein Brief per Luftpost?	*jak nâma tawasôt-e post-e hawâji tschand mê-schawad?*	یک نامه توسط پست هوائی چند می‌شود؟

Wo bekomme ich die Briefmarke?	*az ko<u>dsch</u>â mê-tawânam ke posta be<u>kh</u>aram/ ba dast bejawaram?*	از کجا می‌توانم که پسته بخرم/ بدست بیاورم؟
Wo ist das nächste Postamt?	*nazdiktarin posta<u>kh</u>âna-je digar ko<u>dsch</u>âst?*	نزدیکترین پسته‌خانهٔ دیگر کجاست؟
Wo kann ich ein Fax abschicken?	*az ko<u>dsch</u>â mê-tawânam ke jak faks beferestam?*	از کجا می‌توانم که یک فکس بفرستم؟

Bank

Füllen Sie das bitte aus!	*lotfan, in râ khânapori konêd!*	لطفاً، اینرا خانه‌پری کنید!
Haben Sie Geld?	*pul/paisa dârêd?*	پول/پیسه دارید؟
Ich habe kein Geld.	*pul na-dâram.*	پول ندارم.
Ich möchte einen Euroscheck einlö- sen.	*mê-khâham ke pul-e tschek râ naqd konam.*	می‌خواهم که پول چک را نقد کنم.
Ist mein Geld schon da?	*âjâ pul-am âmada (ast)?*	آیا پولم آمده (است)؟
Kann ich bei Ihnen wechseln?	*mê-tawânam pesch-e schomâ pul tabdil konam?*	می‌توانم پیش شما پول تبدیل کنم؟
Kann ich mit mei- ner Kreditkarte Bargeld bekom- men?	*mê-tawânam ke az kârtam pul-e naqd begiram?*	می‌توانم که از کارتم پول نقد بگیرم؟

Können Sie wechseln?	*mê-tawânêd ke ewaz/pulsjâ*[13] *konêd?*	می‌توانید که عوض/پولسیاه کنید؟
Sie müssen gehen!	*Schomâ bâjad berawêd!*	شما باید بروید!
Unterschreiben Sie bitte!	*lotfan, emzâ' konêd!*	لطفاً، امضاء کنید!
Was muss ich hier ausfüllen?	*tschi bâjad indschâ benawisam?*	چه باید اینجا بنویسم؟
Wie lange ist die Bank geöffnet / geschlossen?	*bânk tâ tschand bâz / basta ast?*	بانک تا چند باز/ بسته است؟
Wie möchten Sie das Geld haben?	*pul râ tschiqesem mê-khâhêd ke dâschta bâschêd?*	پول را چه قسم می‌خواهید که داشته باشید؟
Wo arbeiten Sie?	*kodschâ kâr mê-konêd?*	کجا کار می‌کنید؟
Wo ist das ...?	*... kodschâst?*	... کجاست؟

13 Dies ist ein Wort in Dialekt.

Wo kann ich ein Konto eröffnen?	*kodschâ* *mê-tawânam* *ke jak* *hesâb-e bânki* *bâz konam?*	کجا می‌توانم که یک حساب بانکی بازکنم؟
Wo kann ich Geld wechseln?	*kodschâ* *mê-tawânam* *ke pul* *tabdil konam?*	کجا می‌توانم که پول تبدیل کنم؟
Wo wohnen Sie?	*kodschâ* *zendagi* *mê-konêd?*	کجا زندگی می کنید؟

Tankstelle

Benzin, bitte!	*lotfan, benzin!*	لطفاً، بنزین!
Bitte tanken Sie voll!	*lotfan, por konêd!*	لطفاً، پر کنید!
Bitte tanken Sie Diesel voll!	*lotfan, dizal por konêd!*	لطفاً، دیزل پر کنید!
Diesel oder Benzin?	*dizal jâ benzin?*	دیزل یا بنزین؟
Eine Wagen-wäsche bitte!	*lotfan, môtar-am râ beschuêd!*	لطفاً، موترم را بشوید!
Wie lange wird es dauern?	*tscheqadar waqt râ darbar mê-girad?*	چقدر وقت را دربر می گیرد؟
Wie weit ist es nach ...?	*tâ ... tscheqadar fâsela dârad?*	تا ... چقدر فاصله دارد؟
Wo ist die nächste Tankstelle?	*tânk-e têl-e digar kodschâst?*	تانک تیل دیگر کجاست؟

Friseur

Bitte schneiden Sie meine Haare!	*lotfan, môhâjam râ eslâh konêd!*	لطفاً، موهایم را اصلاح کنید!
Etwas kürzer, bitte!	*lotfan, jak kamê kôtâhtar!*	لطفاً، یک کمی کوتاه تر!
Friseur	*salmâni (Herren) / ârâjeschgâh (Damen)*	سلمانی / آرایشگاه
Haareschneiden, bitte!	*lotfan, môhâjam râ qaitschi konêd!*	لطفاً، موهایم را قیچی کنید!
Haben Sie eine Farbtabelle?	*âjâ namuna-je rang hâ râ dârêd?*	آیا نمونهٔ رنگ‌ها را دارید؟
Ich möchte gerne einen Termin.	*mê-khâham qablan waqt begiram.*	می خواهم قبلاً وقت بگیرم.

Ich möchte eine Dauerwelle!	*mê-khâham môhâjam râ tuni bedehêd!*	می خواهم موهایم را طونی بدهید!
Ich möchte meine Haare färben!	*mê-khâham ke môhâjam râ rang konêd!*	می‌خواهم که موهایم را رنگ کنید!
Nicht zu kurz, bitte!	*lotfan, besjâr kôtâ na-konêd!*	لطفاً، بسیار کوتاه نکنید!
So ist es gut.	*haminqesm khub ast.*	همینقسم خوب است.
Vielen Dank.	*besjâr taschakor.*	بسیار تشکر.
Wann bin ich fertig?	*tschi waqt khalâs mê-schawam?*	چه وقت خلاص می‌شوم؟
Wie lange muss ich warten?	*tscheqadar bâjad sabr konam?*	چقدر باید صبر کنم؟

Bus

Bitte einordnen!	*lotfan, ba nôbat!*	لطفاً، به نوبت!
Bitte eine einfache Fahrt!	*lotfan, jak teket-e jak tarafa!*	لطفاً، یک تکت یک‌طرفه!
Bitte eine Fahrt hin und zurück!	*lotfan, jak teket-e raft-ô-âmad!*	لطفاً، یک تکت رفت و آمد!
Es ist nur zehn Minuten von hier.	*az indschâ faqat dah daqiqa râh ast.*	از اینجا فقط ده دقیقه راه است.
Es ist sehr weit.	*besjâr dur ast.*	بسیار دور است.
Es ist sehr weit, wir müssen mit dem Bus fahren.	*besjâr dur ast, bâjad bâ sarwis berawêm.*	بسیار دور است، باید با سرویس برویم.
Fährt der Bus zum Stadtzentrum?	*âjâ in sarwis tâ markaz-e schahr mê-rawad?*	آیا این سرویس تا مرکز شهر می‌رود؟
Fährt er öfters am Tag?	*rôz-e tschand dafa mê-rawad?*	روز چند دفعه می‌رود؟

Gehen Sie zu Fuß!	*pjâda berawêd!*	پیاده بروید!
Gehen wir zu Fuß oder mit dem Bus?	*pjâda mê-rawêm jâ bâ sarwis?*	پیاده می‌رویم یا با سرویس؟
Gibt es einen Bus?	*kodâm sarwis ast?*	کدام سرویس است؟
Haben Sie die Fahrkarte?	*teket gereftêd?*	تکت گرفتید؟
Hält der Bus in ...?	*âjâ sarwis dar ... tawaqof mê-konad?*	آیا سرویس در ... توقف می کند؟
Halteverbot.	*tawaqof mamnô' ast.*	توقف ممنوع است.
Langsam fahren!	*âhesta berawêd!*	آهسته بروید!
Sie können den Bus Nr. ... nehmen!	*mê-tawanêd sarwis-e nomra ... râ begirêd!*	می توانید سرویس نمره ... را بگیرید!
Vorfahrt beachten!	*nôbat râ marâ'at konêd!*	نوبت را مراعت کنید!

Wann fährt der Bus?	*sarwis tschand badscha harakat mê-konad?*	سرویس چند بجه حرکت می کند؟
Wann fährt der letzte Bus?	*âkherin sarwis tschi wâqt mê-rawad?*	آخرین سرویس چه وقت می رود؟
Welcher Bus fährt?	*kodâm sarwis mê-rawad?*	کدام سرویس می‌رود؟
Wie komme ich zum Bus?	*tschetôr mê-tawânam tâ pisch-e sarwis berawam?*	چطور می‌توانم تا پیش سرویس بروم؟
Wo bitte?	*kodschâ?*	کجا؟
Wo ist die Bushaltestelle?	*istgâh-e sarwis kodschâst?*	ایستگاهٔ سرویس کجاست؟
Wo kann ich die Karte kaufen?	*az kodschâ mê-tawânam ke teket bekharam?*	از کجا می‌توانم که تکت بخرم؟
Wo muss ich aussteigen?	*ba kodâm istgâh mê-tawânam pjâda schawam?*	به‌کدام ایستگاه می‌توانم پیاده شوم؟

Wo muss ich umsteigen?	*kodschâ bâjad sarwis râ tabdil/ewaz konam?*	کجا باید سرویس را تبدیل/عوض کنم؟

Taxi

Bis zum ...ministerium!	*tâ wezârat-e ...!*	تا وزارت ... !
Es ist sehr weit.	*besjâr dur ast.*	بسيار دوراست.
Er kommt in zehn Minuten.	*tâ dah daqiqa ba'd mê-âjad.*	تا ده دقيقه بعد مى‌آيد.
Hier ist es.	*in<u>dsch</u>âst.*	اينجاست.
Hin und zurück!	*du tarafa/ raft-ô-âmad!*	دوطرفه / رفت و آمد!
Ich habe es eilig.	*a<u>dsch</u>ala dâram.*	عجله دارم.
Ich gehe/fahre bis ...	*tâ ... mê-rawam.*	تا ... ميروم .
Ich nehme zweihundert Afghani.	*du sad af<u>gh</u>ani mê-giram.*	دو صد افغانى مى گيرم.
Können Sie bitte ein Taxi rufen?	*mê-tawânêd ke jak taksi be<u>kh</u>âjêd?*	مى‌توانيد كه يک تكسى بخواهيد؟

Könnten Sie uns bei ... absetzen?	*mê-tawânêd mâ râ ba ... pâjin konêd?*	می‌توانید ما را به ... پایین کنید؟
Steigen Sie aus!	*pâjin schawêd!*	پایین‌شوید!
Steigen Sie ein!	*bâlâ schawêd / sawâr schawêd!*	بالا شوید/ سوارشوید!
Taxi! Sind Sie frei?	*taksi! khâli hastêd?*	تکسی! خالی‌هستید؟
Von hier aus sind es zwei Stunden.	*az indschâ du sâ'at râh ast.*	از اینجا دو ساعت راه است.
Wie lange brauche ich zur Bahn?	*tscheqadar waqt kâr dâram tâ isteschan-e qatâr?*	چقدر وقت کار دارم تا ایستشن قطار؟
Wie viel kostet es?	*tschand mê-schawad?*	چند می‌شود؟
Wie weit ist es noch?	*hanôz tscheqadar mânda (ast)?*	هنوز چقدر مانده (است)؟
Wie weit ist es?	*tscheqadar dur ast?*	چقدر دور است؟

Wo gehen Sie hin?	*kodschâ mê-rawêd?*	کجا میروید؟
Wohin möchten Sie?	*kodschâ mê-khâhêd berawêd?*	کجا می‌خواهید بروید؟
Zum Flughafen.	*tâ maidân-e tajâra.*	تا میدان طیاره.
Zur ... Schule.	*tâ maktab-e ...*	تا مکتب ...

Flugzeug

Bringen Sie mir bitte ein/-e/-en ...!	*lotfan, jak ... bejâwarêd!*	لطفا″، یک ... بیاورید!
Er wird noch ei- nige Tage dort bleiben.	*jak tschand rôz-e digar ândschâ mê-mânad.*	یک چند روز دیگر آنجا می‌ماند.
Haben Sie noch Plätze frei?	*hanôz dschâ-je khâli dârêd?*	هنوز جای خالی دارید؟
Holen Sie bitte mein Gepäck!	*lotfan, bakshâjam râ bejâwarêd!*	لطفا″، بکسهایم را بیاورید!
Ich möchte den Flug ändern.	*mê-khâham ke parwâz râ taghir bedeham.*	می‌خواهم که پرواز را تغیر بدهم.
Ich möchte ein Ticket nach ...!	*jak teket tâ ... mê-khâham!*	یک تکت تا ... می‌خواهم!

Ich möchte einen einfachen Flug.	*mê-khâham jak teket-e jaktarafa.*[14]	می‌خواهم یک تکت یکطرفه.
Ich möchte umbuchen.	*mê-khâham ke parwâzam râ tabdil konam.*	می‌خواهم که پروازم را تبدیل کنم.
Ich möchte zwei Tickets hin und zurück.	*mê-khâham du tekete raft-ô-âmad.*	می‌خواهم دو تکت رفت و آمد.
Kann ich das mitnehmen?	*mê-tawânam ke inrâ bâ khôd begiram?*	می‌توانم که اینرا با خود بگیرم؟
Mein Koffer ist verloren gegangen.	*baksam gom schoda (ast).*	بکسم گم شده (است).
Schreiben Sie mir bitte die Abflugs- und Ankunftszeiten auf!	*lotfan, waqt-e parwâz wa waqt-e rasidan râ barâim benawisêd!*	لطفاً، وقت پرواز و وقت رسیدن را برایم بنویسید!

14 Flugtickets: (Hin- und Rückflug) *dutarafa*, (nach Deutschland) *bar âlmân*, (Economy class) *nôrmâl*, (Business class) *todschârati*, (erste Klasse) *daradscha jak/awwal*, …

Träger, nehmen Sie meinen Koffer!	*hamâl/dschowâli,*[15] *baksam râ begirêd/bebarêd!*	حمال/جوالی، بکسم را بگیرید/ببرید!
Wann fliegt die nächste Maschine nach Deutschland?	*tschi waqt tajâra-je digar tarafe dscharmani parwâz mê-konad?*	چه وقت طیارهٔ دیگر طرف جرمنی پرواز می کند؟
Wann fliegt die nächste Maschine?	*tajâra-je digar kai parwâz mê-konad?*	طیارهٔ دیگر کی پرواز می کند؟
Wann ist die Ankunftszeit?	*kai tajâra mê-rasad?*	کی طیاره می‌رسد؟
Wann kommen Sie dort an?	*tschi waqt ândschâ mê-rasêd?*	چه وقت آنجا می‌رسید؟
Wie lange habe ich Aufenthalt?	*tâ tschi waqt edschâza-je eqâmat dâram?*	تاچه وقت اجازهٔ اقامت دارم؟
Wie viel kostet es nach ...?	*tâ ... tschand mê-schwad?*	تا ... چند می‌شود؟
Wo ist mein Gepäck?	*bakshâjam kodschâst?*	بکسهایم کجاست؟

15 Normalerweise ruft man den Träger nicht nach seiner Berufsbezeichnung, sondern: *bâba dschân* oder *padar dschân* (lieber Vater)

Grenze

Bitte füllen Sie dieses Formular aus!	*lotfan, in fôrma râ khânapori konêd!*	لطفاً، این فورمه را خانه پری کنید!
Brauchen Sie meinen Pass?	*pâspôrtam râ kâr dârêd?*	پاسپورتم را کاردارید؟
Dafür müssen Sie eine Sicherheit geben.	*barâ-je in kâr bâjad zamânat bedehêd.*	برای این کار باید ضمانت بدهید.
Haben Sie ein Visum?	*wiza dârêd?*	ویزه دارید؟
Haben Sie etwas zu verzollen?	*adschnâs-e gomroki dârêd?*	اجناس گمرکی دارید؟
Ihr Pass / Ihre Papiere, bitte!	*pâspôrt-e/ asnâd-e tân râ bedehêd!*	پاسپورت / اسناد تان را بدهید!

Ihr Visum hat noch acht Tage Frist.	*wiza-je schomâ tâ hascht rôz-e digar e'tebâr dârad.*	ویزهٔ شما تا هشت روز دیگر اعتبار دارد.
Ist die Grenze geöffnet?	*sarhad bâz ast?*	سرحد باز است؟
Kann ich mein Visum verlängern?	*mê-tawânam ke wiza-am râ tamdid konam?*	می‌توانم که ویزه‌ام را تمدید کنم؟
Kann ich meinen Pass haben?	*mê-tawânam pâspôrtam râ dâschta bâscham?*	می‌توانم پاسپورتم را داشته باشم؟
Können Sie mir sagen, wo das Zollamt ist?	*mê-tawânêd ba man begôjêd ke gomrok kodschâst?*	می توانید بمن بگویید که گمرک کجاست؟
Öffnen Sie bitte Ihren Koffer!	*lotfan, baksetân râ bâz konêd!*	لطفاً، بکستان را باز کنید!
Wie lange bleiben Sie hier?	*tâ kai indschâ mê-mânêd?*	تا کی اینجا می‌مانید؟

Wie viel Gepäck haben Sie?	*tschand baks dârêd?*	چند بکس دارید؟
Wo kann ich ein Visum bekommen?	*az kodschâ mê-tawânam ke wiza begiram?*	از کجا می‌توانم که ویزه بگیرم؟

Einkaufen

Am Freitag ist der Basar geschlossen.	*rôz-e dschom'a bâzâr basta ast.*	روز جمعه بازار بسته است.
Aus der Bäckerei.	*az nânwâji.*	از نانوایی.
Bitte geben Sie mir 100 Gramm ...!	*lotfan, 100 grâm ... bedehêd!*	لطفاً، صد گرام ... بدهید!
Das dauert zu lange.	*in besjâr tul mê-kaschad.*	این بسیار طول می کشد.
Ist das alles?	*tamâm schod?*	تمام شد؟
Das ist ein/eine ...	*in jak ... ast.*	این یک ... است.
Das ist genug.	*bas ast.*	بس است.
Das ist billig.	*in arzân ast.*	این ارزان است.
Das ist teuer.	*in qimat ast.*	این قیمت است.

Ein Päckchen Zigaretten, bitte!	*lotfan, jak quti*[16] *segret!*	لطفاً، یک قوطی سگرت!
Es kostet 20 Afghani.	*bist afghani mê-schawad.*	بیست افغانی می‌شود.
Ihnen gebe ich es für zwei Afghani.	*barâ-je schomâ du afghâni mê-deham.*	برای شما دو افغانی می‌دهم.
Geben Sie es billiger!	*arzântar bedehêd!*	ارزانتر بدهید!
Gut, das nehme ich.	*khub, mê-giram.*	خوب، می‌گیرم.
Haben Sie auch ...?	*... ham dârêd?*	... هم دارید؟
Haben Sie nichts Billigeres?	*arzântar na-dârêd?*	ارزانتر ندارید؟
Ich brauche noch ...	*... hanôz ham kâr dâram.*	... هنوز هم کار دارم.
Ich habe Geld bei mir.	*pul pêsch-e khôd dâram.*	پول پیش خود دارم.

16 Zählwörter: (ein Dutzend) *jak dardschan*, (ein Meter) *jak meter,* (ein Paar) *jak dschôra*, (ein Päckchen) *jak quti (kâghazi)/jak basta*, (ein Set) *jak dast*, (ein Stück) *jak dâna*, (eine Dose) *jak quti (âhani)*, (eine Flasche) *jak bôtal*, (eine Rolle) *jak lôla*, (eine Schüssel) *jak kâsa*, (eine Tube) *jak tejup*, (eine Tüte) *jak kharita*, (einige) *jak te'dâd ...*

Ich habe kein Geld bei mir.	*pul pêsch-e khôd na-dâram.*	پول پیش خود ندارم.
Ich hätte gern zwei Brote.	*du dâna nân mê-khâham.*	دو دانه نان می‌خواهم.
Ich muss es unbedingt bis morgen haben.	*man bâjad tâ fardâ dâschta bâscham.*	من باید تا فردا داشته باشم.
Ich muss es haben.	*man bâjad in râ dâschta bâscham.*	من بایداینرا داشته باشم.
Ich suche ein/eine/einen ...	*jak ... mê-pâlam.*	یک ... می‌پالم.
Ich hätte gern nur noch drei Kilo ...	*hanôz se kilo*[17] *... ham mê-khâham.*	هنوز سه کیلو ... هم می‌خواهم.
Ist das alles?	*tamâm schod?*	تمام شد؟
Ist das gut?	*khub ast?*	خوب است؟
Ist das der letzte Preis?	*in âkhrin qimat ast?*	این آخرین قیمت است؟
Mehr gebe ich nicht.	*zejâdtar na-mê-deham.*	زیادتر نمی‌دهم.

17 Maße und Gewichte: *nakhod* = 0,19 g, *mesqâl* = 4,68 g, *pau* = 87,5 g, *tschârak* = 750,0 g, *sêr* = 3 kg, *man* = 16 kg, *kharwâr* = 300 kg, *farsang* = 6 km, 1 *gaz* = 105 m, *dscherib* = 1 Hektar ...

Nein, er/es ist sehr dick.	*ne, in besjâr dabal ast.*	نه، این بسیار دبل است.
Noch etwas?	*digar tschi?*	دیگر چه؟
Vergessen Sie es nicht!	*farâmôsch na-konêd!*	فراموش نکنید!
Was kostet dieser Teppich?	*in qâlin tschand ast?*	این قالین چند است؟
Was macht das?	*tschand mê-schawad?*	چند می‌شود؟
Welche/welches/ welcher ist bes- ser?	*kodâmasch behtar ast?*	کدامش بهتر است؟
Wie lange hält das?	*tâ tschi waqt negah mê-schawad?*	تا چه وقت نگه می‌شود؟
Wie teuer ist das?	*qimatasch tschand ast?*	قیمتش چند است؟
Wie viel kostet es?	*qimatasch tschand mê-schawad?*	قیمتش چند می‌شود؟
Wie viel Meter brauchen Sie?	*tschand metr mê-khâhêd?*	چندمتر می‌خواهید؟

Wo finde ich ...?	*... râ az kodschâ mê-tawânam paidâ konam?*	... را از کجا می‌توانم پیدا کنم؟
Wo haben Sie denn das gekauft?	*inrâ az kodschâ kharidêd?*	اینرا از کجا خریدید؟
Wo ist ...?	*... kodschâst?*	...کجاست؟

Kleidung

Das gefällt mir.	*in khôscham mê-âjad.*	این خوشم می‌آید.
Das ist gut.	*in khub ast.*	این خوب است.
Das ist mir zu lang.	*in barâjam besjâr darâz ast.*	این برایم بسیار دراز است.
Das ist sehr billig.	*besjâr arzân ast.*	بسیار ارزان است.
Das steht mir.	*marâ khub mê-gôjad.*	مرا خوب می‌گوید.
Der ist viel zu kurz.	*in besjâr kôtâh ast.*	این بسیار کوتاه است.
Der ist viel zu weit.	*in besjâr kalân ast.*	این بسیار کلان است.
Die passt nicht.	*in barâbar nêst.*	این برابر نیست.

Die steht Ihnen gut.	*in schomâ râ besjâr khub mê-gôjad.*	این شما را بسیار خوب می گوید.
Größe 38.	*andâza-je si-ô-ascht.*	اندازهٔ سی و هشت.
Gut, den probiere ich mal an.	*khub,in râ emtehân mê-konam.*	خوب این را امتحان می کنم.
Haben Sie das auch in blau?	*in râ ba rang-e âbi ham dârêd?*	این را به رنگ آبی هم دارید؟
Haben Sie einen Spiegel?	*jak âjina dârêd?*	یک آئینه دارید؟
Haben Sie Herren-/ Damenmäntel?	*bâlâpôsch hâ-je mardâna / zanâna dârêd?*	بالاپوش‌های مردانه / زنانه دارید؟
Ich brauche eine Nummer größer/ kleiner.	*jak nomra kalântar / khôrd-tar mê-khâham.*	یک نمره کلانتر/خوردتر می‌خواهم.
Ich kaufe meine Kleider in Deutschland.	*lebâshâjam râ az dscharmani mê-kharam.*	لباسهایم را از جرمنی می‌خرم.

Ich kaufe meine Kleider Secondhand.	*lebâshâjam râ az kohnafruschi mê-kharam.*	لباسهایم را از کهنه فروشی می‌خرم.
Ich möchte das gelbe Kleid anprobieren.	*mê-khâham ke perâhan-e zard râ emtehân konam.*	می‌خواهم که پیراهن زرد را امتحان کنم.
Ich möchte ein Paar Schuhe.	*jak dschôra but/kafsch mê-khâham.*	یک جوره بوت/کفش می‌خواهم.
Ich trage immer eine Hose.	*hamêscha patlun/schelwâr mê-pôscham.*	همیشه پطلون/شلوار می پوشم.
Ich trage immer einen Rock.	*hamêscha dâman mê-pôscham.*	همیشه دامن می‌پوشم.
Ich ziehe mich gerade an.	*lebâs mê-pôscham.*	لباس‌می پوشم.
In welches Geschäft gehen Sie?	*dar kodâm frôschgâh mê-rawêd?*	در کدام فروشگاه می‌روید؟
Ins ...geschäft.	*dâr frôschgâh-e ...*	در فروشگاهٔ ...

Können Sie mir ... zeigen?	*mê-tawânêd ... râ barâjam neschân bedehêd?*	می‌توانید ... را برایم نشان بدهید؟
Kurz oder lang?	*kôtâh jâ darâz?*	کوتاه یا دراز؟
Mein Sohn braucht einen Mantel.	*pesaram bâlâpôsch kâr darad.*	پسرم بالاپوش کار دارد.
Probieren Sie es an!	*emtehân konêd!*	امتحان کنید!
Rot steht Ihnen nicht.	*sorkh schomâ râ khub na-mê-gôjad.*	سرخ شما را خوب نمی‌گوید.
Steht mir das?	*in marâ khub mê-gôjad?*	این مرا خوب می‌گوید؟
Was ist ihre Größe?	*andâza-je schomâ tschand ast?*	اندازهٔ شما چند است؟
Was tragen Sie bei der Arbeit?	*dar waqt-e kâr tschi mê-pôschêd?*	در وقت کار چه می‌پوشید؟
Was tragen Sie im Sommer?	*dar tâbestân tschi mê-pôschêd?*	درتابستان چه می‌پوشید؟
Was tragen Sie?	*tschi mê-pôschêd?*	چه می‌پوشید؟

Was trägst du?	*tschi mê-pôschi?*	چه می‌پوشی؟
Welche Farbe?	*kodâm rang?*	کدام رنگ؟
Welche Größe?	*andâza-je tschand?*	اندازهٔ چند؟
Welche Schuhgröße haben Sie?	*andâza-je pâ-je tân tschand ast?*	اندازهٔ پای تان چند است؟
Wo bekomme ich Kopftücher?	*az kodschâ mê-tawânam ke tschâdar bekharam?*	از کجا می‌توانم که چادر بخرم؟
Wo hast du diese Schuhe gekauft?	*in but/kafsch râ az kodschâ kharidi?*	این بوت/کفش را از کجا خریدی؟
Zu teuer.	*besjâr qimat ast.*	بسیار قیمت است.

Souvenirs

Ich möchte ein hübsches Geschenk.	*jak tohfa-je khub mê-khâham.*	یک تحفهٔ خوب می‌خواهم.
Ich möchte nicht handeln.	*na-mê-khâham ke bâ schomâ dschagra konam.*	نمی‌خواهم که با شما جگره کنم.
Ist das antik?	*in antik/qadimi ast?*	این انتیک/ قدیمی است؟
Ist das echt oder falsch?	*asl ast jâ badal?*	اصل است یا بدل؟
Ist das Handarbeit?	*kâr-e dast ast?*	کار دست است؟
Können Sie uns ein Antiquitätengeschäft empfehlen?	*mê-tawânêd barâ-je mâ jak antikfruschi râ mo'arefi konêd?*	می توانید برای ما یک انتیک فروشی را معرفی کنید؟
Was hätten Sie gern?	*tschi khôsch dârêd?*	چه خوش دارید؟

Was kostet das?	*qimatasch tschand ast?*	قیمتش چند است؟
Wie hoch ist der Goldanteil?	*tschqadar telâ dârad?*	چقدر طلا دارد؟
Wie viel kostet der/die/das ...?	*in ... tschand mê-schwad?*	این ... چند می‌شود؟
Wo finde ich ...?	*... râ az kodschâ mê-tawânam paidâ konam?*	... را از کجا می‌توانم پیداکنم؟
Wo finde ich die Silbermünze?	*seka-je noqra az kodschâ mê-tawânam paidâ konam?*	سکهٔ نقره از کجا می‌توانم پیداکنم؟
Zusammen 40 Afghane, bitte.	*sar dscham tschehel afghani mê-schawad.*	سر جمع چهل افغانی می‌شود.

Kiosk/Fotogeschäft

Bitte eine Schachtel Streichhölzer.	*lotfan, jak qôti gôgerd/kebrêt.*	لطفاً، یک قوطی گوگرد/کبریت.
Bitte eine Schachtel Zigaretten.	*lotfan, jak qôti segret.*	لطفاً، یک قوطی سگرت.
Darf ich fotografieren?	*edschâzast ke akâsi konam?*	اجازه‌است که عکاسی کنم؟
Darf man fotografieren?	*aks gereftan edschâza ast?*	عکس گرفتن اجازه است؟
Das ist kaputt.	*in kharâb ast.*	این خراب است.
Einen Film für diesen Fotoapparat.	*jak fêlm barâ-je in kamra.*	یک فلم برای این کمره.
Ich hätte gern einen Film.	*jak fêlm mê-khâham.*	یک فلم می‌خواهم.

Ich hätte gerne eine deutsche Zeitung und Bücher.	*akhbâr wa ketâb-hâ-je âlmâni mê-khâham.*	اخبار و کتابهای آلمانی می‌خواهم.
Ich möchte das reinigen lassen.	*mê-khâham ke in râ barâ-je schostan bedeham.*	می‌خواهم که این را برای شستن بدهم.
Ich möchte diesen Film entwickeln lassen.	*mê-khâham ke in fêlm râ tschâp konêd.*	می‌خواهم که این فلم را چاپ کنید.
Können Sie es bitte reparieren?	*mê-tawânêd in râ tarmim konêd?*	می توانید این را ترمیم کنید؟
Können Sie mir die traditionelle Musik empfehlen?	*mê-tawânêd ke barâjam jak muzik-e mahali mo'arefi konêd?*	می‌توانید که برایم یک موزیک محلی معرفی کنید؟
Können Sie das kaufen?	*mê-tawânêd in râ bekharêd?*	می‌توانید این را بخرید؟
Können Sie mir etwas zum Kauf empfehlen?	*mê-tawânêd marâ begôjêd ke tschi bekharam?*	می‌توانید مرا بگویید که چه بخرم؟

Wann sind die Bilder fertig?	*akshâ tschi waqt khalâs mê-schawad?*	عکسها چه وقت خلاص می‌شود؟

Arbeitssuche

Bei welchem Projekt arbeiten Sie?	*dar kodâm prôjha kâr mê-konêd?*	در کدام پروژه کار می‌کنید؟
Die Arbeit macht mir Spaß.	*in kâr besjâr khôscham mê-âjad.*	این کار بسیار خوشم می‌آید.
Es geht vorwärts mit der Arbeit.	*kâr hâ khub pisch mê-rawad.*	کارها خوب پیش می‌رود.
Ich arbeite gern zu Hause.	*khôsch dâram ke dar khâna kâr konam.*	خوش دارم که در خانه کار کنم.
Ich arbeite mit der UNO zusammen.	*hamrâ-je melal-e motahed kâr mê-konam.*	همراهٔ ملل متحد کار می‌کنم.
Ich bin 24 Jahre alt.	*bist-ô-tschâr sâla hastam.*	بیست و چهار ساله هستم.
Ich bin Arzt.	*dâktar hastam.*	داکتر هستم.
Ich bin sicher.	*motmain hastam.*	مطمئن هستم.

Ich gebe Ihnen mein Wort darauf.	*ba schomâ qaul mê-deham.*	بشما قول می دهم.
Ich habe Ärger.	*prôblem dâram.*	پروبلم دارم.
Ich habe keinen Ärger.	*prôblem na-dâram.*	پروبلم ندارم.
Ich habe schon viel erreicht.	*besjâr mowaffaq hastam.*	بسیار موفق هستم.
Ich sitze hier ziemlich in der Klemme.	*indschâ dar moschkelât hastam.*	اینجا در مشکلات هستم.
Ich studiere Jura.	*hoquq mê-khânam / tahsil mê-konam.*	حقوق می‌خوانم / تحصیل می کنم.
Ich wäre sehr gern Lehrer.	*khôsch dâram ke mo'alem schawam.*	خوش دارم که معلم شوم.
Ich warte noch auf Ihre Antwort.	*montazer-e dschawâb-e schomâ hastam.*	منتظرجواب شما هستم.
Sind Sie privat oder geschäftlich hier?	*schomâ indschâ schakhsi jâ rasmi âmadêd?*	شما اینجا شخصی یا رسمی آمدید؟
Studierst du?	*tahsil mê-koni?*	تحصیل می کنی؟

Was ist Ihr Beruf?	*wazifa-je schomâ tschist?*	وظیفهٔ شما چیست؟
Was machen Sie?	*tschi mê-konêd?*	چه می کنید؟
Was machst du?	*tschi mê-koni?*	چه می کنی؟
Was macht Ihre Tochter?	*dokhtar-e tân tschi kâr mê-konad?*	دخترتان چه کار می کند؟
Wie alt sind Sie?	*tschand sâla hastêd?*	چند ساله هستید؟
Wie viel verdienen Sie bei der GTZ?	*dar mo'asesa-je GTZ tschand mê-girêd?*	در مؤسسهٔ گ‌ت‌ست چند می گیرید؟

Lebenslauf

Name:	*nâm/esm:*	نام/اسم :
Nachname:	*nâm-e fâmili:*	نام فامیلی:
Vatersname:	*nâme padar:*	نام پدر:
Muttersname:	*nâme mâdar:*	نام مادر:
Ledig/ Verheiratet:	*modscharad / motahel:*	مجرد/ متأهل:
Staatsangehörig-keit:	*meliat:*	ملیت:
Beruf:	*wazifa:*	وظیفه:
Geboren am:	*târikh-e tawalod:*	تاریخ تولد:
Geboren in:	*mahal-e tawalod:*	محل تولد:
Wohnort:	*adras-e asli:*	آدرس اصلی :
Schulausbildung:	*ferâghat az kodâm maktab/ madresa:*	فراغت از کدام مکتب/مدرسه:
Militärdienst:	*wazifa-e askari:*	وظیفه عسکری:

Arbeitsstelle:	*dschâ-je kâr:*	جای کار:
Kontaktadresse im Notfall:	*âdras dar waqt-e zarurat:*	آدرس در وقت ضرورت:
Urlaubsadresse:	*âdras-e môaqat:*	آدرس موقت:
Adresse:	*âdras:*	آدرس:
Sprache:	*zabân/lesân:*	زبان/لسان:
Datum:	*târikh:*	تاریخ:
Unterschrift:	*emzâh:*	امضاء:

Unterwegs

Bitte helfen Sie mir!	*lotfan, marâ komak konêd!*	لطفاً، مرا کمک کنید!
Der Motor springt nicht an.	*mâschin-e môtar rôschan na-mê-schawad.*	ماشین موتر روشن نمی‌شود.
Diese Sache ist schwierig.	*in kâr-e moschkel ast.*	این کار مشکل است.
Es ist nicht zu schlimm.	*tschizê na-schoda (ast)/ mohem nêst.*	چیزی نشده (است) / مهم نیست.
Es ist niemand verletzt.	*kasê zakhmi na-schoda (ast).*	کسی زخمی نشده (است).
Es war meine/ deine Schuld.	*gonâh-e man / tu bud.*	گناه من / تو بود.
Für zwei bis drei Tage.	*barâ-je du tâ se rôz.*	برای دو تا سه روز.

Geben Sie mir bitte Ihren Namen und Ihre Anschrift!	*lotfan, nâm wa âdras-e khôd râ bedehêd!*	لطفاً، نام و آدرس خود را بدهید!
Gibt es eine andere Straße nach ...?	*kodâm sarak-e digar ham taraf-e ... ast?*	کدام سرک دیگر هم طرف ... است؟
Gibt es hier eine Autowerkstatt?	*kodâm warakschâp indschâst?*	کدام ورکشاپ اینجا ست؟
Hilfe!	*komak!*	کمک!
Ich bin Tourist.	*turist hastam.*	توریست هستم.
Ich bin verärgert.	*auqâtam talkh ast.*	اوقاتم تلخ است.
Ich bin traurig.	*nârâhat hastam.*	ناراحت هستم.
Ich möchte ein Auto mieten.	*mê-khâham ke jak môtar kerâja begiram.*	می‌خواهم که یک موتر کرایه بگیرم.
Ich möchte ein Fahrrad für eine Woche mieten.	*mê-khâham jak bâisekel barâ-je jak hafta kerâja begiram.*	می‌خواهم یک بایسکل برای یک هفته کرایه بگیرم.

Ich möchte jetzt aufbrechen.	*mê-khâham ke hâlâ berawam.*	می‌خواهم که حالا بروم.
Kommen Sie hierher!	*indschâ bejâjêd!*	اینجا بیایید!
Komm hierher!	*indschâ bejâ!*	اینجا بیا!
Können Sie mal nachsehen?	*mê-tawânêd ke jak bâr in râ bebinêd?*	می‌توانید که یک بار اینرا ببینید؟
Können Sie mein Auto bis zur nächten Werkstatt abschleppen?	*mê-tawânêd môtaram râ tâ warakschâp bebarêd?*	می‌توانید که موترم را تا ورکشاپ ببرید؟
Können Sie mir bitte eine Taschenlampe leihen?	*mê-tawânêd jak tscherâgh-e dasti qarz bedehêd?*	می‌توانید یک چراغ دستی قرض بدهید؟
Könnte ich Ihren Führerschein sehen?	*mê-tawânam ke lêsâns-e môtar-e schomâ râ bebinam?*	می‌توانم که لیسانس موتر شما را ببینم؟
Rufen Sie bitte die Polizei!	*lotfan, polis râ bekhâhêd!*	لطفاً، پلیس را بخواهید!
Rufen Sie sofort einen Arzt!	*fauran jak dâktar bekhâhêd!*	فوراً یک داکتر بخواهید!

Sie irren sich.	*eschtebâh mê-konêd.*	اشتباه می کنید.
Sie lügen.	*dorôgh mê-gôjêd.*	دروغ می گویید.
Tun Sie das nicht noch mal!	*digar in kâr râ na-konêd!*	دیگر این کار را نکنید!
Vielen Dank für Ihre Hilfe.	*taschakor az komak-e tân.*	تشکر از کمک تان.
Wann kommen wir an?	*tschi waqt mê-rasêm?*	چه وقت می رسیم؟
Was für ein Auto?	*tschi qesem jak môtar?*	چه قسم یک موتر؟
Was geht Sie das an?	*ba schomâ tschi marbut ast?*	به شما چه مربوط است؟
Was kostet das?	*qimatasch tschand ast?*	قیمتش چند است؟
Welches ist die beste Verbindung zum Stadtzentrum?	*kodâm râh tâ markaz-e schahr behtar ast?*	کدام راه تا مرکز شهر بهتر است؟
Wer hat das getan?	*in kâr râ ki karda (ast)?*	این کار را کی کرده (است)؟

Wie hoch ist der Mietpreis?	*kerâja-asch tschand ast?*	کرایه اش چند است؟
Wie lange?	*barâ-je tscheqadar waqt?*	برای چقدر وقت؟
Wir haben einen Platten.	*môtar-e mâ pantschar schoda (ast).*	موتر ما پنچر شده (است).
Wir haben einen Unfall gehabt.	*aksidan kardêm.*	اکسیدن کردیم.
Wir können nicht warten.	*na-mê-tawânêm ke sabr konêm.*	نمی‌توانیم که صبر کنیم.
Wo kann ich ein Auto mieten?	*az kodschâ mê-tawânam ke môtar kerâ/kerâja begiram?*	از کجا می‌توانم که موتر کرا/ کرایه بگیرم؟
Wo können wir unseren Wagen abstellen?	*kodschâ mê-tawânêm ke môtar-e khôd râ pârk konêm?*	کجا می‌توانیم که موتر خود را پارک کنیم؟

Polizei

Beruhigen Sie sich!	*ârâm bâschêd!*	آرام باشید!
Bitte geben Sie mir Ihren Führerschein!	*lotfan, lesâns-e môtar-e tân râ bedehêd!*	لطفاً، لسانس موتر تانرا بدهید!
Brauchen Sie einen Arzt?	*jak dâktar kâr dârêd?*	یک داکتر کار دارید؟
Das Dokument ist gefälscht.	*in sanad taqalobi/ghalat ast.*	این سند تقلبی / غلط است.
Das stimmt.	*dorost ast.*	درست است.
Die Papiere sind unvollständig.	*in asnâd nâ-mokamal ast.*	این اسناد نامکمل است.
Es ist alles in Ordnung. Sie dürfen weiterfahren.	*hama tschiz dorost ast, schomâ mê-tawanêd berawêd.*	همه چیز درست است، شما می‌توانید بروید.

Geben Sie mir Ihren Fahrzeug-schlüssel!	*klid-e môtar-e tân râ bedehêd!*	کلید موتر تانرا بدهید!
Genau kann ich mich nicht erinnern.	*dorost jâdam nêst.*	درست یادم نیست.
Haben Sie Alkohol getrunken?	*scharâb <u>kh</u>ôrdêd?*	شراب خوردید؟
Haben Sie die Fahrzeugpapiere dabei?	*<u>dsch</u>awâz-e sair wa asnâd-e môtar râ hamrâ dârêd?*	جوازسیر و اسناد موتر را همراه دارید؟
Haben Sie Zeugen?	*schâhed dârêd?*	شاهد دارید؟
Hat jemand den Unfall beobachtet?	*kasê aksidan râ dida (ast)?*	کسی اکسیدن را دیده (است)؟
Ich bin unschuldig.	*bêgonâh hastam.*	بی گناه هستم.
Ich erinnere mich.	*jâdam ast.*	یادم است.
Ich habe ... verloren.	*... râ gom kardam.*	... را گم کردم.
Ich möchte mit meinem Anwalt sprechen.	*mê-<u>kh</u>âham ke bâ wakil-e modâfe'-e <u>kh</u>ôd sohbat konam.*	می‌خواهم که با وکیل مدافع خود صحبت کنم.

Ich möchte mit unserem Konsulat sprechen.	*mê-khâham bâ qonsolgari-je mâ sohbat konam.*	می‌خواهم با قنسلگری ما صحبت کنم.
Ich verständige ...	*ba ... khabar mê-deham.*	به ... خبر می‌دهم.
Ist es nicht so?	*intôur nêst?*	اینطور نیست؟
Ist jemand verletzt?	*kasê zakhmi schoda (ast)?*	کسی زخمی شده (است)؟
Kann ich bitte Ihren Ausweis/ Pass sehen?	*mê-tawânam ke tazkera / pâspôrt-e tânrâ bebinam?*	می توانم که تذکره/ پاسپورت تانرا ببینم؟
Man hat mir den Pass gestohlen.	*kasê pâspôrtam râ dozdida (ast).*	کسی پاسپورتم را دزدیده (است).
Man hat mir die Tasche gestohlen.	*kasê baksam râ dozdida (ast).*	کسی بکسم را دزدیده (است).
Regen Sie sich nicht auf!	*nârâhat na-schawêd!*	ناراحت نشوید!
Schalten Sie den Motor aus!	*môtar râ gol/ khâmôsch konêd!*	موتر را گل/ خاموش کنید!
Sie haben Recht.	*haq bâ schomâst.*	حق با شماست.

Mit dem Fahrzeug können Sie nicht mehr fahren.	*schomâ digar na-mê-tawanêd bâ in môtar derâif konêd.*	شما دیگر نمی‌توانید با این موتر درایف کنید.
Steigen Sie bitte aus!	*lotfan, pâjin schawêd!*	لطفاً، پائین شوید!
Vielen Dank für Ihre Hilfe.	*taschakor az komak-e tân.*	تشکر از کمک تان.
Wann/wie/wo ist das passiert?	*in tschi waqt / tschetôr / kodschâ wâqe‘ schoda (ast)?*	این چه وقت / چطور / کجا واقع شده (است)؟
Was haben Sie noch verloren?	*digar tschi gom kardêd?*	دیگر چه گم کردید؟
Was hat er gesagt?	*tschi goft?*	چه گفت؟
Was ist passiert?	*tschi schoda (ast)?*	چه شده (است)؟
Was soll ich tun?	*tschi konam?*	چه کنم؟
Was und wie viel haben Sie getrunken?	*tschi wa tscheqadr schrâb khôrdêd?*	چه و چقدر شراب خوردید؟

Was wurde Ihnen gestohlen?	*tschi schomâ dozdi schoda (ast)?*	چه شما دزدی شده (است)؟
Wem gehört dieses Fahrzeug?	*in môtar-e kist?*	این موتر کیست؟
Wenden Sie sich bitte an Ihr Konsulat!	*lotfan, ba qonsolgari-je tân morâdsche'a konêd!*	لطفاً، به قنسلگری تان مراجعه کنید!
Wer ist gefahren?	*ki drâif/ motarrâni karda (ast)?*	کی درایف / موترانی کرده (است)؟
Wir warten.	*mâ montazer mê-bâschêm.*	ما منتظر می‌باشیم.
Wir müssen auf den/die/das ... warten.	*mâ bâjad montazer-e ... bâschêm.*	ما باید منتظر ... باشیم.
Wir werden einen Dolmetscher bestellen, der Ihnen alles Weitere erklärt.	*mâ jak tardschomân mê-âwarêm ke hama tschiz ra ba schomâ taschrih bedehad.*	ما یک ترجمان می آوریم که همه چیز را به شما تشریح بدهد.

Wo hatten Sie Ihr Fahrzeug abgestellt?	*kodschâ môtar-e tân râ istâda karda budêd?*	کجا موتر تانرا ایستاده کرده بودید؟
Wo ist sie verloren gegangen?	*kodschâ gom schoda (ast)?*	کجا گم شده (است)؟
Wo und wann wurden Sie bestohlen?	*kodschâ wa kai dozdi schodêd?*	کجا و کی دزدی شدید؟
Wo war Ihr Pass?	*pâspôrt-e schomâ kodschâ bud?*	پاسپورت شما کجا بود؟
Zeigen Sie den Inhalt Ihrer Taschen!	*tschiz-e ke dar dschib dârêd neschân bedehêd!*	چیزی که در جیب دارید نشان بدهید!

Arzt/Apotheke

Er/Sie ist krank.	*u mariz ast.*	او مریض است.
Geben Sie mir bitte eine Spritze!	*lotfan, marâ jak petschkâri konêd!*	لطفاً، مرا یک پیچکاری کنید!
Geben Sie mir bitte etwas gegen Fieber!	*marâ jak dawâ-je tab bedehêd!*	مرا یک دوائی تب بدهید!
Gute Besserung!	*sahat-e khub!*	صحت خوب!
Hier tut es weh.	*indschâ dard mê-konad.*	اینجا درد می کند.
Hoffentlich geht es Ihnen gut!	*omêdwâram ke sahat tân khub bâschad!*	امیدوارم که صحت تان خوب باشد!
Husten Sie bitte!	*lotfan, sorfa konêd!*	لطفاً، سرفه کنید!
Ich bin gestürzt.	*oftâda-am.*	افتاده‌ام.
Ich bin erschöpft.	*az pâ oftâda-am.*	از پا افتاده‌ام.

Ich bin schwanger.	*hâmeladâr hastam.*	حامله دار هستم.
Ich brauche dieses Medikament.	*in dawâ râ kâr dâram.*	این دوا را کار دارم.
Ich brauche ein Rezept.	*jak noskha kâr dâram.*	یک نسخه کاردارم.
Ich fühle mich nicht wohl.	*hâlam khub nêst.*	حالم خوب نیست.
Ich habe Fieber.	*tab*[18] *dâram.*	تب دارم.
Ich habe kein Fieber.	*tab na-dâram*	تب ندارم.
Ich habe keinen Appetit.	*eschtehâ na-dâram.*	اشتهاء ندارم.
Ich habe mich übergeben.	*estefrâq kardam.*	استفراق کردم.
Ich habe Probleme mit meinem Magen.	*hamrâh-e me'da-am prôblem dâram.*	همراهٔ معده‌ام پروبلم دارم.
Ich huste ständig.	*dâjem sorfa mê-konam.*	دایم سرفه می کنم.

18 Krankheiten: (Diabetiker) *maraz-e schakar/qand,* (Durchfall) *eshâli,* (Halsschmerzen) *golundardi*, (Kopf-schmerzen) *sardardi,* (hoher Blutdruck) *feschâr-e khun-e bâlâ*, (niedriger Blutdruck) *feschâr-e khun-e pâjin ...*

Ich möchte ein Mittel gegen Erkältung/ Husten.	*dawâ-je rezesch / golundardi mê-khâham.*	دوای ریزش/ گلوندردی می‌خواهم.
Ich möchte einen Termin haben.	*mê-khâham jak waqt begiram.*	می‌خواهم یک وقت بگیرم.
Ich muss Ihren Puls fühlen.	*bâjad nabz-e schomâ râ bebinam/ begiram.*	باید نبض شما را ببینم/ بگیرم.
Ich schreibe Ihnen ein Rezept.	*jak noskha barâ-je schomâ mê-nawisam.*	یک نسخه برای شما می‌نویسم.
Ich weiß nicht, was mit mir los ist?	*na-mê-dânam ke marâ tschi karda (ast)?*	نمی‌دانم که مرا چه کرده (است)؟
Können Sie mir einen guten Arzt empfehlen?	*mê-tawânêd ke barâjam jak dâktar-e khub mo'arefi konêd?*	می‌توانید که برایم یک داکتر خوب معرفی کنید؟
Mein Bauch tut weh.	*delam dard mê-konad.*	دلم درد می‌کند.

Meine Frau fühlt sich schlecht.	*khânomam khôd râ khub hes na-mê-konad.*	خانمم خود را خوب حس نمی کند.
Meine Zähne tun weh/schmerzen.	*dandânhâjam dard mê-konand.*	دندانهایم درد می کنند.
Mir ist schlecht.	*hâlam kharâb ast.*	حالم خراب است.
Mir ist schwindlig.	*sar tscharkhi dâram.*	سرچرخی دارم.
Mit der Zeit ist mir schlechter geworden.	*rôz barôz hâlam badtar schoda (ast).*	روز بروز حالم بدتر شده (است).
Müssen wir noch einmal kommen?	*bâz bâjad bejâjêm?*	باز باید بیائیم؟
Nehmen Sie die Tropfen dreimal täglich zum Essen!	*in qatratschekân râ rôz-e se bâr hamrâ-je ghezâ begirêd!*	این قطره‌چکان را روز سه بار همراهٔ غذا بگیرید!
Nehmen Sie es dreimal täglich nach dem Essen!	*in râ rôz-e se bâr ba'd az ghezâ begirêd!*	این را روز سه بار بعد از غذا بگیرید!

Nehmen Sie es dreimal täglich vor dem Essen!	*in râ rôz-e se bâr pisch az ghezâ begirêd!*	این را روز سه بار پیش از غذا بگیرید!
Seit gestern.	*az dirôz ba in taraf.*	از دیروز به این طرف.
Seit vorgestern.	*az parirôz ba in taraf.*	از پریروز به این طرف.
Seit wann?	*az tschi waqt ba in taraf?*	از چه وقت به این طرف؟
Sie dürfen keinen Alkohol trinken!	*schomâ edschâza nadarêd alkol benôschêd!*	شما اجازه ندارید الکل بنوشید!
Sie dürfen nicht rauchen!	*schomâ edschâza nadarêd segret / sigâr bekaschêd!*	شما اجازه ندارید سگرت/ سیگار بکشید!
Sie müssen operiert werden!	*schomâ bâjad amaljât schawêd!*	شما باید عملیات شوید!
Sie müssen sich ausruhen!	*schomâ bâjad esterâhat konêd!*	شما باید استراحت کنید!

Sie müssen viel schlafen!	*schomâ bâjad besjâr khâb konêd!*	شما باید بسیار خواب کنید!
Tief ausatmen!	*nafas-e amiq bekaschêd!*	نفس عمیق بکشید!
Tut das hier weh?	*indschâ dard mê-konad?*	اینجا درد می کند؟
Was haben Sie?	*tschi taklif dârêd?*	چه تکلیف دارید؟
Was hat er denn?	*tschi marizi dârad?*	چه مریضی دارد؟
Wie lange ist er krank?	*az tschi waqt mariz ast?*	از چه وقت مریض است؟
Wie oft muss ich die Tabletten nehmen?	*tâblet râ rôz-e tschand bâr begiram?*	تابلیت را روز چند بار بگیرم؟
Wird sie bald wieder gesund?	*zôd dschôr mê-schawad?*	زود جور می‌شود؟
Wo gibt es hier einen westlichen Arzt?	*az kodschâ mê-tawânam ke jak dâktar-e gharbi paidâ konam?*	از کجا می‌توانم که یک داکتر غربی پیدا کنم؟

Wo haben Sie Schmerzen?	*kodschâjê tân dard dârad?*	کجائی تان درد دارد؟
Wo ist der Wartesaal?	*otâq-e entezâr kodschâst?*	اطاق انتظار کجاست؟
Wo ist die Apotheke?	*dawâkhâna kodschâst?*	دواخانه کجاست؟
Wo ist die Praxis des Arztes?	*mo'âina khâna-je dâktar kodschâst?*	معاینه خانهٔ داکتر کجاست؟
Wo tut es Ihnen weh?	*kodschâjê tân dard mê-konad?*	کجائی تان درد می کند؟
Wohin bringen Sie ihn?	*u râ kodschâ mê-barêd?*	او را کجا می‌برید؟
Wohin bringen Sie uns?	*mâ râ kodschâ mê-barêd?*	ما را کجا می‌برید؟

Teil II

Kardinalzahlen

«adâd-e asli» اعداد اصلی

Einer			Zehner		
1	١	*jak* یک	11	١١	*jâzdah* یازده
2	٢	*du* دو	12	١٢	*dawâzdah* دوازده
3	٣	*se* سه	13	١٣	*sêzdah* سیزده
4	٤	*tschahâr* چهار	14	١٤	*tschahârdah* چهارده
5	٥	*pandsch* پنج	15	١٥	*pânzdah* پانزده
6	٦	*schisch* شش	16	١٦	*schânzdah* شانزده
7	٧	*haft* هفت	17	١٧	*haftdah* هفده
8	٨	*hascht* هشت	18	١٨	*hajhdah* هژده
9	٩	*noh* نه	19	١٩	*nôzdah* نوزده
10	١٠	*dah* ده	20	٢٠	*bist* بیست

- Im Persischen werden die Zahlen im Gegensatz zur Schrift von links nach rechts geschrieben und gelesen.

- Die höhere Zahl wird zuerst gesprochen (Tausender, Hunderter, Zehner) und durch و–*ô* mit der niedrigeren Zahl verbunden; z. B.: ١٢٠٣ *«hazâr-ô-dusad-ô-se* هزار و دوصد و سه» (1203)

Zehner, Hunderter

10	١٠	*dah* ده	100	١٠٠	*sad* صد
20	٢٠	*bist* بيست	200	٢٠٠	*dusad* دوصد
30	٣٠	*si* سی	300	٣٠٠	*sesad* سه صد
40	٤٠	*tschehel* چهل	400	٤٠٠	*tschahârsad* چهار صد
50	٥٠	*pendschâh* پنجاه	500	٥٠٠	*pandschsad* پنجصد
60	٦٠	*schast* شصت	600	٦٠٠	*schischsad* ششصد
70	٧٠	*haftâd* هفتاد	700	٧٠٠	*haftsad* هفتصد
80	٨٠	*haschtâd* هشتاد	800	٨٠٠	*haschtsad* هشتصد
90	٩٠	*nawad* نود	900	٩٠٠	*nohsad* نوصد

Tausender

1000	١٠٠٠	*hazâr* هزار
2000	٢٠٠٠	*du hazâr-ô-jak* دوهزار
10000	١٠٠٠٠	*da hhazâr* ده هزار
100 000	١٠٠٠٠٠	*sad hazâr* صدهزار
1 000 000	١٠٠٠٠٠٠	*meliun* مليون
1 000 000 000	١٠٠٠٠٠٠٠٠٠	*meljârd* مليارد

Die Ordinalzahlen

«adâd-e tartibi» اعداد ترتیبی

- Unter Zuhilfenahme der Endungen م «-om» bzw. مین «-omin» kann man die Ordinalzahlen von den Kardinalzahlen ableiten; z. B. das Vierte

چهار	چهارم	چهارمین
tschahâr	tschahârom	tschahâromin

Bezugswort + e + Ordinalzahlen + om

das erste Mal	*bar-e awwal*	بار اول
das zweite Mal	*bar-e duwom*	بار دوم
das zweite Jahr	*sâl-e duwom*	سال دوم
der neunte Tag	*rôz-e nohwom*	روز نهم
der letzte Tag	*rôz-e âkher*	روز آخر
der wievielte Tag	*rôz-e tschandom*	روزچندم
20. Jahrhundert	*qarn-e bistom*	قرن بیستم
achtziger Jahre	*daha-je haschtâdom*	دهۀ هشتادم

Ordinalzahlen + in + Bezugswort ohne e

das erste Mal	*awwalin bâr*	اولين بار
das zweite Jahr	*duwomin sâl*	دومين سال
der letzte Tag	*âkherin rôz*	آخرين روز
der neunte Tag	*nohomin rôz*	نهمين روز
der wievielte Tag	*tschandomin rôz*	چندمين روز

- Ausnahme يک *jak*: Statt der Erste يکم *«jekom»* verwendet man meistens:
  اول/نخست *awwal/nokhost*
  اولين/نخستين *awwalin/nokhostin*

Zählwort

alle	*hama/kol*	همه/کل
Anzahl	*a'dad – adâd*	عدد - اعداد
beide	*har du*	هردو
die Hälfte	*nesf/nim*	نصف/نیم
fünf Prozent	*pandsch dar sad/ fi sad*	پنج درصد/ فی‌صد
Herde	*rama*	رمه
mal	*martaba/bâr/ daf'a*	مرتبه/بار/دفعه
noch einmal	*dubâra*	دو باره
paar	*dschôra/dschoft*	جوره/جفت
paarweise	*dschoft dschoft*	جفت جفت
Person	*nafar*	نفر
Stück	*dâna/tâ/adad*	دانه/تا/عدد
zweimal	*du bâr/ du daf'a / du martaba*	دو بار/ دو دفعه/ دومرتبه

Die vier Jahreszeiten

«tschahâr fasl» چهارفصل

Frühling	*bahâr*	بهار
Sommer	*tâbestân*	تابستان
Herbst	*khazân/Pâjiz*	خزان/پائیز
Winter	*zemestân*	زمستان

Die Wochentage

«rôzhâ-je hafta» روزهای هفته

Samstag	*schambe*	شنبه
Sonntag	*jak-schambe*	یک شنبه
Montag	*du-schambe*	دو شنبه
Dienstag	*se-schambe*	سه شنبه
Mittwoch	*tschahâr-schambe*	چهار (چار) شنبه
Donnerstag	*pandsch-schambe*	پنج شنبه
Freitag	*dschom'a/âdina*	جمعه/آدینه

Die Namen der Monate

«esm-e mâhâ» اسم ماهها

Zeit	Aussprache	Persisch	Sternzeichen
21. März bis 20. April	*hamal*[19]	حمل	Widder
21. April bis 21. Mai	*saur*	ثور	Stier
22. Mai bis 21. Juni	*dschauzâ*	جوزا	Zwillinge
22. Juni bis 22. Juli	*saratân*	سرطان	Krebs
23. Juli bis 22. August	*asad*	اسد	Löwe
23. August bis 22. September	*sombola*	سنبله	Jungfrau
23. September bis 22. Oktober	*mizân*	میزان	Waage
23. Oktober bis 21. November	*aqrab*	عقرب	Skorpion
22. November bis 21. Dezember	*qaus*	قوس	Schütze
22. Dezember bis 20. Januar	*dschadi*	جدی	Steinbock
21. Januar bis 19. Februar	*dalw*	دلو	Wassermann
20. Februar bis 20. März	*hut*	حوت	Fische

19 Das afghanische Neue Jahr beginnt mit dem 1. hamal. 21. März = 1. hamal entspricht dem 21. März bis 20. April. Der Monatsanfang variiert leicht.

Farben

«ranghâ» رنگها

beige/creme	*nakhôdi/krimi*	نخودی /کریمی
blau	*âbi*	آبی
bleich/blass	*rangrafta/ bê rang*	رنگرفته/بی رنگ
braun	*naswâri*	نصواری
bunt	*ranga/motanawe‘*	رنگه/متنوع
dunkel/ hell	*târik / rôschan*	تاریک / روشن
Fleischfarbe	*gôschti*	گوشتی
gelb	*zard*	زرد
grau	*fôlâdi/ khâkestari*	فولادی / خاکستری
grün	*sabz*	سبز
orangefarben	*nârendschi*	نارنجی
rosa	*golâbi/surati*	گلابی/صورتی
rot	*sorkh/qermez*	سرخ/قرمز

schwarz	*sijâh*	سیاه
türkisblau	*firôzaji*	فیروزئی
umbra	*schotori*	شتری
violett	*benafsch*	بنفش
weiß	*safêd*	سفید
zitrone	*limuji*	لیموئی

Land und Leute

«mamlakat wa mardom» مملکت و مردم

Land	**Ausspråche**	**Leute**
مملکت	صوت	مردم
Afghanistan	*afghân*	افغان
Afrika	*afriqâji*	افریقائی
Amerika	*amrikâji*	امریکائی
Arabien	*arab*	عرب
Asien	*âsjâji*	آسیائی
Australien	*âstarljâji*	آسترلیائی

Belgien	*beljhiki*	بلژیکی
Bulgarien	*bolghârjâji*	بلغاریائی
China	*tschinâji*	چینائی
Dänemark	*denmârki*	دنمارکی
Deutschland	*dscharmani/ âlmâni*	جرمن/آلمانی
England	*englis*	انگلیس
Europa	*orupâji*	اروپائی
Frankreich	*frânsawi*	فرانسوی
Griechenland	*junâni*	یونانی
Holland	*hâlindi*	هالیندی
Indien	*hendu*	هندو
Iran	*irâni*	ایرانی
Italien	*etâljâji*	ایتالیائی
Japan	*dschâpâni*	جاپانی
Kuba	*kubâji*	کوبائی
Österreich	*otrischi*	اطریشی

Pakistan	*pâkestâni*	پاکستانی
Polen	*pôlaindi*	پولیندی
Rumänien	*rômânjâji*	رومانیائی
Russland	*rusi*	روسی
Schweden	*siwidani*	سویدنی
Schweiz	*siwisi*	سویسی
Spanien	*aspânjâji/* *aspânjawi*	اسپانیائی/ اسپانیوی
Tschechien	*tschek*	چک
Türkei	*tork*	ترک
Ungarn	*madschârestâni*	مجارستانی

Land und Sprache

«mamlakat wa zabân» مملکت و زبان

Land مملکت	Aussprache صوت	Sprache زبان
Afghanistan	*fârsi-dari/ paschtô*	فارسی-دری/ پشتو
Amerika	*englisi*	انگلیسی
Arabien	*arabi*	عربی
Australien	*englisi*	انگلیسی
Belgien	*flami/fransawi*	فلامی/فرانسوی
Bulgarien	*bolg<u>h</u>âri*	بلغاری
China	*ânâmi/<u>tsch</u>ini*	آنامی/چینی
Dänemark	*denmârki*	دنمارکی
Deutschland	*âlmâni*	آلمانی
England	*englisi*	انگلیسی
Frankreich	*frânsawi*	فرانسوی
Griechenland	*junâni*	یونانی

Holland	*hâlaindi*	هالیندی
Indien	*englisi/ânâmi/ pan<u>dsch</u>âbi ...*	انگلیسی/آنامی/ پنجابی ...
Iran	*fârsi*	فارسی
Italien	*etâljâji*	ایتالیائی
Japan	*<u>dsch</u>âpâni*	جاپانی
Kuba	*aspânjâji*	اسپانیائی
Österreich	*âlmâni*	آلمانی
Pakistan	*ordu/paschtô/ bangâli*	اردو/پشتو/ بنگالی
Polen	*polaindi*	پولیندی
Rumänien	*rômânjâji*	رومانیائی
Russland	*rusi*	روسی
Schweden	*sewidani*	سویدنی
Schweiz	*frânsawi/ âlmâni*	فرانسوی/ آلمانی
Spanien	*aspânjâji*	اسپانیائی

Tschechien	*tscheki*	چکی
Türkei	*torki*	ترکی

Handel

«todschârat» تجارت

Antiquität	*antikfruschi*	انتیک فروشی
Apotheke	*dawâkhâna*	دواخانه
Bäckerei	*nânwâji*	نانوائی
Blumengeschäft	*golfruschi*	گلفروشی
Buchhandlung	*ketâbfruschi*	کتابفروشی
Drogerie	*attâri*	عطاری
Fotogeschäft	*akâskhâna*	عکاسخانه
Friseur	*salmâni*	سلمانی
Juwelier	*telâfruschi*	طلافروشی
Konditorei	*koltscha / schirni fruschi*	کلچه/ شیرنی فروشی

Krankenhaus	*schafâkhâna/ bimârestan*	شفاخانه/ بیمارستان
Laden	*dokân*	دکان
Lebensmittel-geschäft	*baqâli*	بقالی
Markt	*bâzâr*	بازار
Metzgerei	*qasâbi*	قصابی
Schneiderei	*khajât khâna*	خیاط خانه

Beruf

«schoghl» شغل

Angestellter	*mâmur*	مامور
Arbeiter/ Bauarbeiter	*kârgar/ kârgar-e sâkhtomâni*	کارگر/ کارگرساختمانی
Architekt	*mohandes*	مهندس
Arzt	*dâktar*	داکتر
Bäcker	*nânwâ*	نانوا
Bauer	*dehqân*	دهقان

Beamter	*mâmur*	مامور
Bibliothekar	*ketâbdâr*	کتابدار
Botschafter	*safir*	سفیر
Chemiker	*schimidân/ kimjâdân*	شیمیدان / کمیادان
Direktor	*modir*	مدیر
Elektriker	*barqi*	برقی
Fußballer	*futbâlist*[20]	فوتبالیست
Geschäftsmann/ Handelsmann	*tâdscher/bâzergân*	تاجر/بازرگان
Ingenieur	*indschiniar*	انجنیر
Jurist	*hoquq dân*	حقوق‌دان
Käufer	*kharidâr*	خریدار
Konditor	*koltscha / schirni frusch*	کلچه / شیرنی فروش
Kranken-schwester	*parastâr/nars*	پرستار/نرس

20 Viele Berufsbezeichnungen können mit den Wortendungen -ist, -bâz und -dân gebildet werden z.B.: *futbâlist, besbâllist, bâsketbâlist, pejânist, gitârist, tenesbâz, kâratabâz, schimidân, physikdân ...*

Lehrer	*mo'alem/ostâd*	معلم/استاد
Maurer	*gelkâr*	گلکار
Metzger	*qasâb*	قصاب
Minister	*wazir*	وزیر
Musiker	*nawâzenda*	نوازنده
Präsident	*rajis*	رئیس
Renner	*dawenda*	دونده
Sänger	*khânenda*	خواننده
Schlosser	*bastakâr*	بسته‌کار
Schmied	*âhangar*	آهنگر
Schneider	*khajât*	خیاط
Schreiner	*nadschâr*	نجار
Schuster	*butdôz*	بوتدوز
Schwimmer	*âb bâz /* *schenâ gar*	آبباز/ شناگر
Sekretär	*sakarter*	سکرتر

Student	*mohasel/ dâneschdschô*	محصل/دانشجو
Tennisspieler	*tenêsbâs*	تنیس باز
Teppichknüpfer	*qalinbâf*	قالین باف
Verkäufer	*fruschenda*	فروشنده
Vertreter	*nomâinda/wakil*	نماینده/وکیل

Teil III
Grammatik

Personalpronomen

«zamir-e schakhsi monfasel» ضمیر شخصی منفصل

ich	*man*	من
du	*tu*	تو
er/sie	*u/waj*	او/وی
wir	*mâ*	ما
ihr/Sie	*schomâ*	شما
sie	*ischân/ânhâ*	ایشان/آنها

Possessivpronomen

«zamir-e schakhsi motasel» ضمیر شخصی متصل

mein	-am	ـم
dein	*-at*	ـت
sein	*-asch*	ـش
unser	*-e mân*	ـمان
euch/euer/Ihr	*-e tân*	ـتان
ihr	*-e schân*	ـشان

z. B.: Buch *ketâb* کتاب

mein Buch	*ketâb-am*	کتابم
dein Buch	*ketâb-at*	کتابت
sein Buch	*ketâb-asch*	کتابش
unser Buch	*ketâb-e mân*	کتابمان
euer Buch	*ketâb-e tân*	کتابتان
ihr Buch	*ketâb-e schân*	کتابشان

Reflexivpronomen

«zamir-e moschtarak» ضمیر مشترک

- Das Reflexivpronomen kann selbstständig in der Bedeutung «selbst» stehen oder attributivisch mit der ezâfe-Verbindung angefügt werden. Die Reflexivpronomina lauten: *mein, dein, sein, unser, euer, ihr*:

  Mein eigenes Buch
  Ketâb-e <u>kh</u>ôdam کتاب خودم

  Ich lese mein eigenes Buch.
  man ketâb-e <u>kh</u>ôdam râ mê-<u>kh</u>ânam.
  من کتاب خودم را می‌خوانم.

- Es gibt drei Reflexivpronomen:
  selbst «*khôd*» خود (am gebräuchlichsten) «*khisch*» خویش und «*khischtan*» خویشتن (in der gehobenen Sprache), in der 1., 2. und 3. Person im Singular und Plural.

- Die enklitischen Personalpronomen
  (م , ت، ش , مان، تان، شان) dienen gleichzeitig auch als Reflexivpronomen.
  Wenn das Subjekt und der Besitzer eines Wesens oder eines Gegenstandes identisch sind, wird ein enklitisches Pronomen oder *khôd* خود verwendet..

khôd-am	خودم	*khôd-e man*	خود من
khôd-at	خودت	*khôd-e tu*	خود تو
khôd-asch	خودش	*khôd-e u*	خود او
khôd-e mân	خود مان	*khôd-e mâ*	خود ما
khôd-e tân	خود تان	*khôd-e schomâ*	خود شما
khôd-e schân	خود شان	*khôd-e ischân*	خودایشان

Das Präsens

«mozâre'» مضارع

- Im Persischen wird das Verb in der Gegenwart in drei Modi verwendet:

1. Indikativ

«mozâre' akhbâri» مضارع اخباری

(kommen) *âmadan* آمدن

mê + Präsensstamm + Personalendung

mê + *â* + *jam* (ich komme)

Plural	Singular
می‌آییم	می‌آیم
mê-âjêm	*mê-âjam*
می‌آیید	می‌آیی
mê-âjêd	*mê-âji*
می‌آیند	می‌آید
mê-âjand	*mê-âjad*

2. Konjunktiv

«mozâre'-e eltezâmi» **مضارع التزامی**

- Der Konjunktiv des Präsens bezeichnet etwas Gedachtes, eine Wunschvorstellung oder Möglichkeit und wird vom Präsensstamm plus Personalendung und mit dem Präfix «be» بـ gebildet.
- Der Konjunktiv des Präsens steht selbstständig, mit Modalverben wie:
  müssen/sollen بایستن/باید ،
  können توانستن، *mögen* میل داشتن،
  Wollen خواستن، *sich bemühen* سعی کردن/کوشش کردن
  oder mit *vielleicht* شاید, *wenn* اگر, *bis* تا und *möglich* ممکن.
- Das Verb *müssen/sollen* بایستن ist die Ausnahme. Hiervon gibt es nur zwei Formen: باید (Präsens) und بایست (Präteritum)

(sagen) ***«goftan»*** **گفتن**
be + Präsensstamm + Personalendung

be + gô + jam **(ich sage)**

Plural	Singular
بگوییم	بگویم
be-gôjêm	*be-gôjam*
بگویید	بگویی
be-gôjêd	*be-gôji*
بگویند	بگوید
be-gôjand	*be-gôjad*

3. Progressiv

«mozâre'mostamar» مضارع مستمر

- Der Progressiv des Präsens wird mit Hilfe des Verbs داشتن *haben* gebildet und beschreibt eine Handlung, die gerade oder zur Zeit der Schilderung geschieht (wird selten verwendet).

(sagen) ***«goftan»*** گفتن
dâr + **Personalendung** + *mê* + **Präsensstamm** + **Personalendung**

dâr + am + mê + gô + jam **(ich sage gerade)**

Plural	Singular
داریم می‌گوییم	دارم می‌گویم
dârim mê-gojêm	*dâram mê-gojam*
دارید می‌گویید	داری می‌گویی
dârid mê-gojêd	*dâri mê-goji*
دارند می‌گویند	دارد می‌گوید
dârand mê-gojand	*dârad mê-gojad*

Vergangenheit

«gozaschta» گذشته

- In der Umgangssprache wird meist die einfache Vergangenheit, das Präteritum verwendet.

1. Das Präteritum

«mâzi-je motlaq jâ sâda» ماضی‌مطلق یا ساده

(sagen) *«goftan»* گفتن
Präteritalstamm + Personalendung

***goft* + *am* (ich sagte)**

Plural	Singular
گفتیم	گفتم
goftêm	*goftam*
گفتید	گفتی
goftêd	*gofti*
گفتند	گفت
goftand	*goft*

2. Das Perfekt

«mâzi-je naqli» ماضی نقلی

(schreiben) *«naweschtan»* نوشتن

Präteritalstamm + a + Personalendung

***nawescht + a + am* (ich habe geschrieben)**

Plural	Singular
نوشته ایم	نوشته ام
naweschta êm	*naweschta am*
نوشته اید	نوشته ای
naweschta êd	*naweschta i*
نوشته اند	نوشته است
naweschta and	*naweschta ast*

3. Das Plusquamperfekt

«mâzi-je ba'id» ماضی بعید

(schreiben) *«naweschtan»* نوشتن

Präteritalstamm + a + Präteritum (*bud*) + Personalendung ...

***nawescht* + *a* + *bud* + *am* (ich hatte geschrieben)**

Plural	Singular
نوشته بودیم	نوشته بودم
naweschta budêm	*naweschta budam*
نوشته بودید	نوشته بودی
naweschta budêd	*naweschta budi*
نوشته بودند	نوشته بود
naweschta budand	*naweschta bud*

4. Der Konjunktiv Perfekt

«mâzi-je eltezâmi» ماضی التزامی

(gehen) *«raftan»* رفتن

Präteritalstamm + a + «bâsch» + Personalendung

***raft + a + bâsch + am* (ich wäre gegangen)**

Plural	Singular
رفته باشیم	رفته باشم
rafta bâschêm	*rafta bâscham*
رفته باشید	رفته باشی
rafta bâschêd	*rafta bâschi*
رفته باشند	رفته باشد
rafta bâschand	*rafta bâschad*

5. Der Progressiv des Präteritums

«mâzi-je estemrâri» ماضی استمراری

(gehen) ***«raftan»*** رفتن

mê + Präteritalstamm + Personalendung

mê + raft + am **(ich ging ständig)**

Plural	Singular
می‌رفتیم	می‌رفتم
mê-raftêm	*mê-raftam*
می‌رفتید	می‌رفتی
mê-raftêd	*mê-rafti*
می‌رفتند	می‌رفت
mê-raftand	*mê-raft*

Das Futur

«mostaqbal/âjenda» مستقبل/آینده

- Im Persischen wird das Futur mit dem Hilfsverb (wollen) خواستن - خواه gebildet.
- Das Präsens von خواستن ohne *mê* می steht vor dem verkürzten Infinitv: نوشت.رفت (Präteritalstamm).
- Es wird nur das erste Hilfsverb (wollen) خواستن konjugiert.

(gehen) *«raftan»* رفتن - رفت

Singular		
Ich werde gehen.	*khâham raft*	خواهم رفت
Du wirst gehen.	*khâhi raft*	خواهی رفت
Er wird gehen.	*khâhad raft*	خواهد رفت
Plural		
Wir werden gehen.	*khâhêm raft*	خواهیم رفت
Ihr werdet gehen.	*khâhêd raft*	خواهید رفت
Sie werden gehen.	*khâhand raft*	خواهند رفت

- Das Präsens wird ebenfalls anstelle des Futurs verwendet.

Morgen kehre ich zurück.	*fardâ bar mê-gardam.*	فردا برمی گردم.

- Bei der Verneinung bekommt das Hilfsverb خواستن das Präfix *na*.

Ich werde nicht gehen.	*na-khâham raft.*	نخواهم رفت.

- Bei Verben mit Vorsilbe برگشتن und zusammengesetzten Verben فکرکردن wird das Hilfsverb خواستن zwischen das verbale und das nichtverbale Element eingeschoben. بر خواهم گشت.

(zurückkehren) «*bargaschtan*» برگشتن

Ich werde zurückkehren.	*bar khâham gascht.*	بر خواهم گشت.
Ich werde nicht zurückkehren.	*bar na-khâham gascht*	بر نخواهم گشت.
Ich werde denken.	*fekr khâham kard.*	فکر خواهم کرد.
Ich werde nicht denken.	*fekr na-khâham kard.*	فکر نخواهم کرد.

Fragesätze

«dschomla-je porseschi» جملهٔ پرسشی

- In Fragesätzen müssen das Fragewort und Satzfragepartikel nicht unbedingt am Satzanfang stehen.

ob/ etwa	*magar*	مگر	wann	*kai/tschi waqt*	کی/چه وقت
ob	*âjâ*	آیا	welche Art	*tschinau‘*	چه نوع
wer	*ki*	کی	warum	*tscherâ*	چرا
welche	*kodâm*	کدام	wo	*kodschâ*	کجا
wie	*tschetôr*	چطور	was	*tschi*	چه
			wie, welcher Art	*tschiguna*	چگونه

Wer ist er?	*u kist?*	او کیست؟
Was ist das?	*in tschist?*	این چیست؟
Woher kamst du?	*az kodschâ âmadi?*	از کجا آمدی؟
Wo wart ihr?	*kodschâ budêd?*	کجا بودید؟
Wohin fährt dieser Zug.	*in qatâr kodschâ mê-rawad?*	این قطار کجا می‌رود؟
Wie sagt man das auf Deutsch?	*in râ dar âlmâni tschi mê-gojand?*	این را در آلمانی چه می‌گویند؟
Wann/Wo ist das passiert?	*in tschi waqt / kodschâ wâqe‘ schoda (ast)?*	این چه وقت / کجا واقع شده (است)؟
Wie ist das passiert?	*in tschetôr schoda (ast)?*	این چطور شده (است)؟

Der Imperativ

«dschomla-je amri» جمله امری

- Man leitet den Imperativ vom Präsensstamm ab. Vor den Präscnsstamm setzt man üblicherweise das Präfix بِـ *be*.

Entschuldige!	*bebakhsch!*	ببخش!
Denke!	*fekr kon!*	فکر کن!
Lerne!	*bijâmôz!*	بیاموز!
Verschwinde!	*borô gom schô!*	برو گم شو!
Gehe nicht ins Kino!	*ba sinomâ na-rô/ma-rô*	به سینما نرو/مرو!
Erkältet euch nicht!	*konok na- khôrêd!*	خنگ نخورید!
Schreiben Sie das bitte auf!	*lotfan, in râ benawisêd!*	لطفاً، این را بنویسید!
Regen Sie sich nicht auf!	*nârâhat na-schawêd!*	ناراحت نشوید!

Die Adjektivdeklination

«sefat» صفت

- Die wichtigsten Adjektivarten werden hier aufgeführt:

1. Das einfache Adjektiv

صفت مطلق

warm	*garm*	گرم
billig	*arzân*	ارزان

Heute ist es (das Wetter) warm.	*emrôz hawâ garm ast.*	امروز هوا گرم است.

2. Der Komparativ

صفت تفضیلی

- Der Komparativ a) wird mit der Endung تر *tar* gebildet.

wärmer	*garmtar*	گرمتر
billiger	*arzântar*	ارزانتر

Gestern war das Wetter wärmer.	*dirôz hawâ garmtar bud.*	دیروز هوا گرمتر بود.

- b) Die Vergleichspartikel sind *az* oder *tâ* als

wärmer als	*garmtar az*	گرمتر از
wärmer als	*garmtar tâ*	گرمتر تا

Dieses Haus ist wärmer als unseres.	*in khâna garmtar az khâna-je mâst.*	این خانه گرمتر از خانهٔ ماست.
Diese Farbe ist eher gelb als orange.	*in rang bêschtar zard ast tâ nârendschi.*	این رنگ بیشتر زرد است تا نارنجی.

3. Der Superlativ

صفت عالی

Attributive Form a) wird mit der Endung ترین- *tarin* gebildet.

am wärmsten	*garmtarin*	گرمترین
am billigsten	*arzântarin*	ارزانترین
am besten	*behtarin*	بهترین

Schirin zieht die schönsten Kleider an.	*schirin behtarin lebâs mê-pôschad*	شیرین بهترین لباس می پوشد.

b) wird mit von allen از همه *az hama* gebildet.

Er ist der Größte (von allen).	*u az hama bozorgtar ast.*	او از همه بزرگتر است.

4. Der Relativ

صفت نسبی

Der Relativ wird mit der Endung «i» ی gebildet und wird auch manchmal als Substantiv verwendet.

die Hitze *garmi* گرمی

Die Sommerhitze ist angenehm.	*garmi-je tâbestân khôschâiand ast.*	گرمی تابستان خوش‌آیند است.

Teil IV

Verbtabelle

Infinitiv	Infinitiv persisch	Präterital-stamm	Präsens-stamm	Imperativ
anziehen	*puschidan* پوشیدن	*puschid* پوشید	*pôsch* پوش	*bepôsch* بپوش
befehlen	*farmudan* فرمودن	*farmud* فرمود	*farmâ* فرما	*befarmâ* بفرما
binden	*bastan* بستن	*bast* بست	*band* بند	*beband* ببند
blasen	*wazidan* وزیدن	*wazid* وزید	*waz* وز	*bewaz* بوز
bleiben	*mândan* ماندن	*mând* ماند	*mân* مان	*bemân* بمان
brennen	*sôkhtan* سوختن	*sôkht* سوخت	*sôz* سوز	*besôz* بسوز
bringen	*âwardan* آوردن	*âward* آورد	*âwar* آور	*bejâwar* بیاور

entschuldigen	*bakhschidan* بخشیدن	*bakhschid* بخشید	*bakhsch* بخش	*bebakhsch* ببخش
essen	*khôrdan* خوردن	*khôrd* خورد	*khôr* خور	*bekhôr* بخور
fallen	*oftâdan* افتادن	*oftâd* افتاد	*oft* افت	*bejoft* بیافت
fangen	*qâpidan* قاپیدن	*qâpid* قاپید	*qâp* قاپ	*beqâp* بقاپ
fliegen	*paridan* پریدن	*parid* پرید	*par* پر	*bepar* بپر
fragen	*porsidan* پرسیدن	*porsid* پرسید	*pors* پرس	*bepors* بپرس
geben	*dâdan* دادن	*dâd* داد	*deh* ده	*bedeh* بده
gehen	*raftan* رفتن	*raft* رفت	*rau* رو	*borô* برو
haben	*dâschtan* داشتن	*dâscht* داشت	*dâr* دار	*dâschta bâsch* داشته باش

hören	*schenidan* شنیدن	*schenid* شنید	*schenau* شنو	*beschnau* بشنو
jagen	*rândan* راندن	*rând* راند	*rân* ران	*berân* بران
kaufen	*kharidan* خریدن	*kharid* خرید	*khar* خر	*bekhar* بخر
kennen	*schenâkhtan* شناختن	*schenâkht* شناخت	*schenâs* شناس	*beschnâs* بشناس
kochen	*pokhtan* پختن	*pokht* پخت	*paz* پز	*bepaz* بپز
kommen	*âmadan* آمدن	*âmad* آمد	*â(i)* آ(ی)	*bejâ* بیا
können	*tawânestan* توانستن	*tawânest* توانست	*tawân* توان	*betwân* بتوان
kratzen	*khâridan* خاریدن	*khârid* خارید	*khâr* خار	*bekhâr* بخار
küssen	*bôsidan* بوسیدن	*bôsid* بوسید	*bôs* بوس	*bebôs* ببوس

lachen	*khandidan* خندیدن	*khandid* خندید	*khand* خند	*bekhand* بخند
laufen	*dawidan* دویدن	*dawid* دوید	*daw* دو	*bedaw* بدو
legen	*gozâschtan* گذاشتن	*gozâscht* گذاشت	*gozâr* گذار	*begzâr* بگذار
lernen	*âmôkhtan* آموختن	*âmôkht* آموخت	*âmôz* آموز	*bejâmôz* بیاموز
lesen	*khândan* خواندن	*khând* خواند	*khân* خوان	*bekhân* بخوان
machen	*kardan* کردن	*kard* کرد	*kon* کن	*(be)kon* کن
nähen	*dôkhtan* دوختن	*dôkht* دوخت	*dôz* دوز	*bedôz* بدوز
nehmen	*gereftan* گرفتن	*gereft* گرفت	*gir* گیر	*begir* بگیر
rennen	*dawidan* دویدن	*dawid* دوید	*daw* دو	*bedaw* بدو

rutschen	*laghzidan* لغزیدن	*laghzid* لغزید	*laghz* لغز	*belaghz* بلغز
sagen (sehr höflich)	*farmudan* فرمودن	*farmud* فرمود	*farmâ* فرما	*befarmâ* بفرما
sagen	*goftan* گفتن	*goft* گفت	*gô (i)* گو(ی)	*begô* بگو
schenken	*bakhschidan* بخشیدن	*bakhschid* بخشید	*bakhsch* بخش	*bebakhsch* ببخش
schlafen	*khâbidan* خوابیدن	*khâbid* خوابید	*khâb* خواب	*bekhâb* بخواب
schlagen	*zadan* زدن	*zad* زد	*zan* زن	*bezan* بزن
schließen	*bastan* بستن	*bast* بست	*band* بند	*beband* ببند
schneiden	*boridan* بریدن	*borid* برید	*bor* بر	*bebor* ببر

schreiben	*naweschtan* نوشتن	*nawescht* نوشت	*nawis* نویس	*benawis* بنویس
sehen	*didan* دیدن	*did* دید	*bin* بین	*bebin* ببین
sein	*budan* بودن	*bud* بود	*bâsch* باش	*bâsch* باش
senden	*ferestâdan* فرستادن	*ferestâd* فرستاد	*ferest* فرست	*beferest* بفرست
sitzen	*neschastan* نشستن	*neschast* نشست	*neschin* نشین	*beneschin* بنشین
stehen	*istâdan* ایستادن	*istâd* ایستاد	*ist* ایست	*beist* بایست
sterben	*mordan* مردن	*mord* مرد	*mir* میر	*bemir* بمیر
suchen	*dschostan* جستن	*dschost* جست	*dschô* جو	*bedschô* بجو
suchen	*pâlidan* پالیدن	*pâlid* پالید	*pâl* پال	*bepâl* بپال

tragen	*bordan* بردن	*bord* برد	*bar* بر	*bebar* ببر
trinken	*nôschidan* نوشیدن	*nôschid* نوشید	*nôsch* نوش	*benôsch* بنوش
verkaufen	*frôkhtan* فروختن	*frôkht* فروخت	*frôsch* فروش	*befrôsch* بفروش
verstehen/ wissen	*fahmidan* فهمیدن	*fahmid* فهمید	*fahm* فهم	*befahm* بفهم
waschen	*schostan* شستن	*schost* شست	*schôi* شوی	*beschôi* بشوی
wegnehmen	*bardâschtan* برداشتن	*bardâscht* برداشت	*bardâr* بردار	*bardâr* بردار
wehen	*wazidan* وزیدن	*wazid* وزید	*waz* وز	*bewaz* بوز
werden	*schodan* شدن	*schod* شد	*schau* شو	*schô* شو
werfen	*andâkhtan* انداختن	*andâkht* انداخت	*andâz* انداز	*beandâz* بیانداز

wissen	*dânestan* دانستن	*dânest* دانست	*dân* دان	*bedân* بدان
wollen	*khâstan* خواستن	*khâst* خواست	*khâh* خواه	*bekhâh* بخواه
zahlen	*pardâkhtan* پرداختن	*pardâkht* پرداخت	*pardâz* پرداز	*bepardâz* بپرداز
zählen	*schmordan* شمردن	*schmord* شمرد	*schmor* شمر	*beschmor* بشمر
ziehen	*kaschidan* کشیدن	*kaschid* کشید	*kasch* کش	*bekasch* بکش
zurück- kehren	*bargaschtan* برگشتن	*bargascht* برگشت	*bargard* برگرد	*bargard* برگرد

Zusammengesetzte Verbtabelle

- Zusammengesetzte Verben bestehen aus dem Infinitiv schlagen *zadan* زدن oder machen *kardan* کردن usw. plus einem Hauptwort oder werden durch einem Verbzusatz spezifiziert:
  arbeiten *kâr kardan* کار کردن
  vermuten *hads zadan* حدس زدن
  verlieren *az dast dâdan* از دست دادن
- Es wird nur das Verb *kardan* کردن, *zadan* زدن oder *dâdan* دادن konjugiert.
- Einige Verben existieren in anderen Schreibformen, die in Afghanistan meistens mit *kardan* کردن verwendet werden; z. B.:

absagen	*rad kardan*	رد کردن
abstellen	*band kardan*	بندکردن
addieren	*dscham' kardan*	جمع کردن
anbieten	*taqdim kardan*	تقدیم کردن
anmelden	*sabt-e nâm kardan*	ثبت نام کردن
annehmen	*qabul kardan*	قبول کردن
anreden	*khetâb kardan*	خطاب کردن
anrufen	*telefon kardan*	تلفن کردن
anschauen	*tamâschâ kardan*	تماشا کردن
anschwellen	*waram kardan*	ورم کردن

anstellen	*estekhdâm kardan*	استخدام کردن
anstrengen	*kôschesch kardan*	کوشش کردن
arbeiten	*kâr kardan*	کار کردن
aufhören	*bas kardan*	بس کردن
aufmachen	*bâz kardan*	باز کردن
ausfüllen	*por kardan*	پر کردن
ausgleichen sich	*âschti/mosâleha kardan*	آشتی/مصالحه کردن
ausruhen	*esterâhat kardan*	استراحت کردن
ausschalten	*khâmôsch kardan*	خاموش کردن
auswendig lernen	*az bar kardan / az jâd kardan*	از بر کردن / از یاد کردن
Auto fahren	*rânendagi/ derâif kardan*	رانندگی/درایف کردن
beschreiben	*ta'rif kardan*	تعریف کردن
besetzen	*eschghâl kardan*	اشغال کردن
beten	*do'â kardan*	دعا کردن
danken	*taschakor kardan*	تشکر کردن
denken	*fekr kardan*	فکر کردن

diskutieren	*bahs kardan*	بحث کردن
einschalten	*rôschan kardan*	روشن کردن
erziehen	*tarbejat kardan*	تربیت کردن
festnehmen	*dastgir kardan*	دستگیر کردن
fliegen	*parwâz kardan*	پرواز کردن
fragen	*so'wâl kardan*	سؤال کردن
freimachen	*rokhsati kardan*	رخصتی کردن
gründen	*ta'sis kardan*	تأسیس کردن
heben	*boland kardan*	بلند کردن
heiraten	*ezdewâdsch kardan*	ازدواج کردن
helfen	*komak kardan*	کمک کردن
hinauswerfen	*birun kardan*	بیرون کردن
kaufen	*kharid kardan*	خرید کردن
kochen	*pokhta kardan / âschpazi kardan*	پخته کردن / آشپزی کردن
leben	*zendagi kardan*	زندگی کردن
öffnen	*bâz kardan*	بازکردن
produzieren	*taulid kardan*	تولید کردن
rechnen	*hesâb kardan*	حساب کردن

reparieren	*tarmim/ta'mir kardan*	ترمیم/تعمیر کردن
schlafen	*khâb kardan*	خواب کردن
schreiben	*naweschta kardan*	نوشته کردن
spielen	*bâzi kardan*	بازی کردن
teilnehmen	*scherkat kardan*	شرکت کردن
üben	*tamrin kardan*	تمرین کردن
überraschen	*ghâfelgir kardan*	غافلگیر کردن
überweisen	*hawâla kardan*	حواله کردن
überzeugen	*qâne' kardan*	قانع کردن
unterschreiben	*emzâ' kardan*	امضاء کردن
verabschieden sich	*khodâhafezi kardan*	خداحافظی کردن
versuchen	*sa'i kardan*	سعی کردن
vorsichtig sein	*ehtjât kardan*	احتیاط کردن
wählen, auswählen	*entekhâb kardan*	انتخاب کردن
wiederholen	*tekrâr kardan*	تکرار کردن

Wortschatz

ab	*az*	از
Abend/Nacht	*schab*	شب
Abendessen	*schâm/ nân-e schâm*	شام/نان شام
abends/nachts	*schabâna / har schab*	شبانه / هر شب
aber	*amâ/walê*	اما/ولی
abfahren	*harakat kardan*	حرکت کردن
Abfahrt	*harakat/azimat*	حرکت/عزیمت
Abflug	*parwâz/azimat*	پرواز/عزیمت
Abhang	*sar schibi / sar schiwji*	سرشیبی / سرشیوئی
abholen	*raftan wa âwordan / hamrâji kardan / esteqbâl kardan*	رفتن و آوردن / همرائی کردن / استقبال کردن
abkürzen	*ekhtesâr kardan*	اختصار کردن
Abkürzung	*ekhtesâr*	اختصار
abmachen/ festlegen	*qarâr gozâschtan*	قرار گذاشتن
Abreise	*harakat/azimat*	حرکت/عزیمت
absagen	*rad kardan*	رد کردن
Abschied	*khodâhafezi*	خدا حافظی
Abschnitt	*qesmat/bakhsch*	قسمت/بخش

abschreiben	*naqel/runawisi kardan*	نقل/رونویسی کردن
Absender	*ferestenda*	فرستنده
Absicht	*qasd/hadaf*	قصد/هدف
absichtlich	*qasdan*	قصداً
abstellen	*band kardan*	بند کردن
Abteil	*ghorfa*	غرفه
abwärts	*ba taraf-e pajin*	به طرف پائین
Achtung	*ehtjât*	احتیاط
Acker – Äcker	*mazrea' – mazâre'*	مزرع - مزارع
addieren	*dscham' kardan*	جمع کردن
Adjektiv	*sefat*	صفت
Adler	*oqâb*	عقاب
Adresse	*âdras*	آدرس
Adverb	*qaid*	قید
Affe	*schâdi/maimun*	شادی/میمون
Afghane	*afghân*	افغان
afghanisch	*afghâni*	افغانی
Afrika	*afriqâ*	افریقا
ahnen/vermuten	*hads zadan*	حدس زدن
ähnlich	*mânand/mesel/ schabi*	مانند/مثل/ شبیه
Ahnung	*âgâhji*	آگاهی
Akt	*parda-je tajâtar*	پردهٔ تیاتر

alkoholfrei	*bêdun-e alkôl*	بدون الکول
alle	*hama*	همه
allein	*tanhâ*	تنها
alles	*hama tschiz*	همه چیز
allgemein	*omômi*	عمومی
als	*waqteke*	وقتیکه
also/dann	*pas*	پس
alt	*pir (Lebewesen) / kohna (Sache)*	پیر / کهنه
Altar	*membar*	منبر
Alter	*daura-je sen*	دورهٔ سن
Altstadt	*schahr-e kohna*	شهر کهنه
am häufigsten	*zejâdtarin*	زیاد ترین
Ameise	*môrtscha*	مورچه
Amerikaner	*amrikâji*	امریکائی
Amt	*edâra/daftar/ scho'ba*	اداره/دفتر / شعبه
amtlich	*edâri*	اداری
an	*ba*	به
anbieten	*taqdim kardan*	تقدیم کردن
anbinden	*bastan <band>*	بستن <بند>
andauern	*dawam dâdan*	دوام دادن
andauernd	*dawamdâr*	دوامدار
andenken	*jâd kardan*	یاد کردن

anderer – andere	*digar – digarân*	دیگر - دیگران
anfangen	*schorô' kardan*	شروع کردن
Angabe	*e'lâmja*	اعلامیه
Angeln	*mâhigiri*	ماهی گیری
Angestellter	*mâmur/kârmand*	مامور/کارمند
Angst	*tars*	ترس
anhören sich	*gôsch kardan*	گوش کردن
anklopfen	*dar zadan*	در زدن
ankommen	*rasidan <ras>*	رسیدن <رس>
Ankunft	*ôrud*	ورود
Anlass	*sabab/dalil*	سبب/دلیل
anmelden	*sabt-e nâm kardan*	ثبت نام کردن
annehmen	*qabul kardan*	قبول کردن
anreden	*khetâb kardan*	خطاب کردن
anrufen	*telefon kardan/* *zang zadan*	تلفن کردن / زنگ زدن
anschließen	*bastan <band>*	بستن <بند>
Anschluss	*etesâl*	اتصال
Anschrift	*âdras*	آدرس
anschwellen	*waram kardan*	ورم کردن
anstatt	*ewaz*	عوض
anstrengen	*kôschesch kardan*	کوشش کردن
Anstrengung	*kôschesch/talâsch*	کوشش/تلاش
Anteil	*qesmat*	قسمت

Antik	*qadimi/atiqa/antik*	قدیمی/عتیقه/انتیک
Antrag	*a'riza/darkhâsti*	عریضه/درخواستی
Antrag stellen	*a'riza kardan / darkhâsti dâdan*	عریضه کردن / درخواستی دادن
Antrag machen	*darkhâste ezdewâdsch kardan*	درخواست ازدواج کردن
Antwort	*dschawâb*	جواب
antworten	*dschawâb dâdan*	جواب دادن
anwenden	*ba kâr bordan*	بکار بردن
anwesend	*hâzer*	حاضر
Anzahl	*te'dâd*	تعداد
Anzeige	*e'lân/khabar*	اعلان/خبر
anzeigen	*e'lân kardan / khabar dâdan*	اعلان کردن / خبر دادن
anziehen (Attraktivität)	*dschalb kardan*	جلب کردن
anziehen (Kleider)	*puschidan <pôsch>*	پوشیدن <پوش>
Anzug	*derischi*	دریشی
Apfel	*sêb*	سیب
Apfelsinenplantage	*nârendschestân*	نارنجستان
Apotheke	*dawâkhâna*	دواخانه
Appetit	*eschtehâ*	اشتهاء
Applaus	*tamdschid / tschak tschak*	تمجید/چک چک
Aprikose	*zardâlu*	زردآلو

Araber	*arab*	عرب
arabisch	*arabi*	عربی
Arbeit	*kâr*	کار
arbeiten	*kâr kardan*	کارکردن
Arbeiter	*kârgar*	کارگر
arbeitslos	*bêkâr*	بیکار
Arbeitslosigkeit	*bêkâri*	بیکاری
Architekt/ Ingenieur	*mohandes*	مهندس
Ärger	*qahr*	قهر
Arm	*bâzu*	بازو
Armband	*dastband*	دستبند
Armee	*laschkar/sepâh*	لشکر/سپاه
Ärmel	*âstin*	آستین
Art	*tarz/nawa'*	طرز/نوع
Artikel	*mazmun*	مضمون
Arzt	*dâktar/pezeschk/ tabib*	داکتر/پزشک/ طبیب
Arztpraxis	*mo'âina khâna*	معاینه خانه
Aschenbecher	*khâkestardâni*	خاکستردانی
Asien	*âsjâ*	آسیا
Ast	*schâkh tscha*	شاخچه
Atembeschwerden	*nafastangi*	نفستنگی
atmen	*tanafos kardan*	تنفس کردن
Atomwaffe	*salâh-e atômi*	سلاح اتومی

Aubergine	*Bâdemdschân*	بادنجان
auch	*ham/niz*	هم/نیز
auf	*bâlâ*	بالا
auf die Nerven gehen	*azjat kardan*	اذیت کردن
Auf Wiedersehen	*khodâ hafez / ba amân-e khodâ*	خداحافظ / به امان خدا
Aufbau	*sâkhteman / tarkib-e schimjâji*	ساختمان / ترکیب شیمیائی
aufbauen	*sâkhtan <sâz>*	ساختن <ساز>
aufbewahren	*negahdâri kardan*	نگهداری کردن
Aufenthalt	*eqâmat*	اقامت
Aufenthalts-genehmigung	*edschâza-je eqâmat*	اجازهٔ اقامت
aufführen	*nomâjsch dâdan*	نمایش دادن
Aufführung	*nomâjsch*	نمایش
aufgeben	*taslim schodan*	تسلیم شدن
aufhören	*bas kardan*	بس کردن
aufladen/füllen	*por kardan*	پر کردن
aufmachen	*bâz kardan*	باز کردن
aufmerksam	*motawadscheh/ âgâh*	متوجه/آگاه
Aufmerksamkeit	*deqat/tawadschoh*	دقت/توجه
aufnehmen	*sabt kardan paziroftan / aks gereftan*	ثبت کردن / پزیرفتن / عکس گرفتن

aufpassen	*motawadscheh budan/deqat kardan*	متوجه بودن / دقت‌کردن
aufräumen	*dscham‘ kardan*	جمع کردن
aufregen	*asabi schodan*	عصبی شدن
aufstehen	*bar khâstan <bar khêz>*	برخواستن <برخیز>
aufwachen	*bêdâr schodan*	بیدار شدن
Auge	*tscheschm*	چشم
Augenarzt	*dâktar-e tscheschm*	داکتر چشم
Augenblick	*lahza*	لحظه
Augenbrauen	*abru*	ابرو
Augentropfen	*qatratschakân-e tscheschm*	قطرچکان چشم
Ausfahrt	*râh-e khorudschi*	راه‌خروجی
Ausflüge	*mêla*	میله
ausfüllen	*khâna pori kardan*	خانه پری کردن
Ausgang	*dar-e khorudschi*	در خروجی
ausgehen	*birun raftan*	بیرون رفتن
ausgezeichnet	*âli/fauqo‘lâda*	عالی/فوقعلاده
Ausgrabung	*hofrijât*	حفریات
Auskunft	*ma‘lumât*	معلومات
Ausland	*khâredsch*	خارج
Ausländer	*khâredschi*	خارجی
Ausnahme	*estesnâ*	اثتثنا
Auspuff	*dudrau*	دودرو

ausreichen	*kâfi*	کافی
ausrichten	*motale' kardan / rasânidan <rasân>*	مطلع کردن/ رسانیدن <رسان>
ausruhen	*esterâhat kardan*	استراحت کردن
ausschalten	*khâmôsch kardan*	خاموش کردن
Ausschlag	*maraz-e dscholdi (bokhâr)*	مرض جلدی (بخار)
Ausschlag haben	*bokhâr kaschidan / hasâsjat kardan*	بخار کشیدن / حساسیت کردن
außer	*dschoz*	جز
außerdem	*ba'alâwa*	بعلاوه
außergewöhnlich	*ghair-e âdi*	غیر عادی
außerhalb	*birun/khâredsch*	بیرون/خارج
äußerlich	*khârdschi/biruni*	خارجی/بیرونی
Aussicht	*durnomâ/manzara*	دورنما/منظره
aussteigen	*pâjin schodan / pijâda schodan*	پایین شدن/ پیاده شدن
Ausstellung	*nomâjeschgâh*	نمایشگاه
austauschen	*mobâdela kardan*	مبادله کردن
Ausverkauf	*ehrâdsch*	حراج
Ausweis	*tazkera/ schenâs nâma*	تذکره/ شناسنامه
auswendig	*az bar/jâd kardan*	از بر/یاد کردن

Auszeichnung	*dschâjeza*	جایزه
ausziehen	*kôtsch kaschi/as- bâb kaschi kardan/ lebâs kaschidan*	کوچکشی / اسباب کشی کردن / لباس کشیدن
Auto	*môtar/mâschin/ otômobil*	موتر /ماشین / اتومبیل
Axt	*tabar*	تبر
Baby	*kôdak/batscha*	کودک /بچه
Bach	*dschô(i)*	جو(ی)
Bäcker	*nânwâ*	نانوا
Bäckerei	*nânwâji*	نانوائی
Backstein	*khescht*	خشت
Bad	*hamâm*	حمام
Badeanzug	*lebâs-e âbbâzi*	لباس آببازی
Bahn	*qatâr/rêl*	قطار /ریل
Bahnhof	*istgâh-e rêl / esteschan-e qatâr*	ایستگاهٔ ریل / استشن قطار
bald	*bazudi*	بزودی
Balkon	*bâlkon/baranda*	بالکن /برنده
Ball	*tôp*	توپ
Banane	*kêla/muz*	کیله /موز
Bank	*bânk*	بانک
Bankkonto	*esâb-e bânki*	حساب بانکی
Bär	*khers*	خرس

Bargeld	*pul-e naqd*	پول نقد
Bart	*risch*	ریش
Basis/Grundlage	*asâs*	اساس
Batterie	*betri*	بتری
Bauarbeiter	*kârgar-e sâkhtomâni*	کارگر ساختمانی
Bauch	*schekam*	شکم
bauen	*sâkhtan <sâz>*	ساختن <ساز>
Bauer	*dehqân/bâzergân*	دهقان/بازرگان
Baum	*darakht*	درخت
Baumeister	*me'mâr*	معمار
Baumwolle	*pomba/katân*	پنبه/کتان
beabsichtigen	*qasd dâschtan / qasd kardan*	قصد داشتن / قصد کردن
Beamter	*kârmand/mâmur*	کارمند/مامور
Becken	*lagan*	لگن
Beckenboden	*lagan-e khâsera*	لگن خاصره
bedanken sich	*taschakor kardan*	تشکر کردن
bedauern	*afsôs khôrdan*	افسوس خوردن
Bedauern	*ta'asof/amdardi*	تأسف/همدردی
bedauerlich	*dschâ-je ta'asof / ta'sof bâr*	جای تأسف/ تأسف بار
bedeuten	*ma'nâ dâdan / ahmijat dâschtan*	معنی دادن / اهمیت داشتن
bedeutend	*ma'nâ/mohem*	معنی/مهم

Bedeutung	*ma'nâ/ahmjat*	معنی/اهمیت
Bedingung	*schart*	شرط
Bedrohung	*tahdid*	تهدید
Bedürfnis	*hâdschat*	حاجت
beeilen sich	*schetâb/adschala kardan*	شتاب/عجله کردن
beenden	*tamâm kardan*	تمام کردن
beerdigen	*dafn kardan*	دفن کردن
Befehl	*amr*	امر
befehlen	*amr kardan /* *amr dâdan /* *amr farmudan*	امر کردن / امر دادن / امر فرمودن
befestigen	*mostahkam kardan*	مستحکم کردن
befreien	*âzâd kardan*	آزاد کردن
Befreiung	*âzâdi*	آزادی
befreundet sein	*dôst budan*	دوست بودن
begabt	*bâ est'dâd/lâjeq*	با استعداد/لایق
begegnen sich	*molâqât kardan*	ملاقات کردن
begegnend	*dotschâr*	دچار
begierig	*schâjeq*	شایق
Beginn	*âghâz/schorô'*	آغاز/شروع
beginnen	*âghâz kardan /* *schorô' namudan*	آغاز کردن / شروع نمودن
begleiten	*hamrâji kardan*	همرائی کردن

begrüßen	*salâm kardan*	سلام کردن
behandeln	*tadâwi / raftâr / mâmela / amal kardan*	تداوی/ رفتار معامله/ عمل کردن
beherrschen	*tasalot dâschtan*	تسلط داشتن
behindern	*mâne‘ schodan*	مانع شدن
behüten/beschützen/bewahren	*hefz kardan*	حفظ کردن
beibringen	*âmôzândan <âmôzân> / jâd dâdan*	آموزاندن <آموزان> / یاد دادن
beide	*har du*	هردو
Beifall	*tamdschid/tahsin/ qadrdâni/taschwiq*	تمجید/تحسین/ قدردانی/تشویق
Beifall klatschen	*kaf zadan/ tschak tschak/ taschwiq kardan*	کف زدن /چک چک تشویق کردن
beige	*nakhôdi*	نخودی
Beileid	*taslijat*	تسلیت
Beileidsbrief	*taslijatnâma*	تسلیتنامه
Bein/Fuß	*pâ*	پا
beinah	*taqriban/nazdik*	تقریباً/نزدیک
beinhaltend	*mohtawâ – mohtawjât*	محتوی - محتویات
Beispiel	*mesel/mânand*	مثل/مانند

Beistand	*mosâ'edat/komak*	مساعدت/کمک
bekannt	*ma'ruf*	معروف
bekannt machen	*mo'arefi/âschnâ kardan*	معروفی/آشنا کردن
beklagen	*schekwa kardan*	شکوه کردن
bekommen	*gereftan <gir >/ ba dast âwardan*	گرفتن <گیر> / بدست آوردن
belästigen	*dard-e sar dâdan / mozâhem schodan*	درد سر دادن / مزاحم شدن
belästigen/aufdringlich sein	*mozâhemat kardan*	مزاحمت کردن
beleidigen	*ta'qir kardan*	تعقیر کردن
Belohnung	*pâdâsch*	پاداش
bemühen sich	*sa'i/kôschesch kardan*	سعی/کوشش کردن
Bemühung	*kôschesch/sa'i*	کوشش/سعی
benachrichtigen	*khabar dâdan / khabar kardan*	خبردادن / خبر کردن
benehmen sich	*mowadab budan*	مؤدب بودن
benötigen/ benutzen	*zarurat dâschtan / estefâda kardan*	ضرورت داشتن/ استفاده کردن
beobachten	*motawadscheh budan*	متوجه بودن
bequem	*ârâm*	آرام

bereit	*mohajâ/hâzer/* *âmâda*	مهیا /حاضر / آماده
bereiten	*mohajâ/hâzer* *kardan*	مهیا/حاضر کردن
bereits	*tâ bahâl*	تابحال
Berg	*kôh*	کوه
Bergabhang	*dâmana-je kôh*	دامنۀ کوه
Bergarbeiter	*kârmand-e* *ma'âden*	کارمند معادن
berichten	*gozârsch dâdan*	گزارش دادن
Beruf	*schoghl*	شغل
berühmt	*ma'ruf*	معروف
berühren	*dast zadan /* *lams kardan*	دست زدن / لمس کردن
Besatzung	*mosâferin*	مسافرین
beschämt	*scharmonda*	شرمنده
bescheiden	*schekasta nafs*	شکسته نفس
beschuldigen	*motaham sâkhtan/* *tohmat zadan/* *moqaser dânestan*	متهم ساختن / تهمت زدن / مقصر دانستن
Beschuldigung	*tohmat*	تهمت
beschweren sich	*schekâjat kardan*	شکایت کردن
Besichtigung	*bâzdid*	باز دید
besiegen	*mowafaq schodan*	موفق شدن
besitzen	*dâschtan <dâr>*	داشتن <دار>

Besitzer	*sâheb*	صاحب
Besorgung	*tahja*	تهیه
Besprechung	*goftogô/ maschwerat*	گفتگو / مشورت
Besprechungsraum	*otâq-e maschwerat*	اطاق مشورت
besser	*behtar*	بهتر
Besteck	*qâschoq-ô-pandscha*	قاشق و پنجه
bestehen	*kâmjâb schodan*	کامیاب شدن
bestellen	*farmâjesch dâdan / sefâresch dâdan*	فرمایش دادن / سفارش دادن
bestimmen/ festlegen	*ta'in kardan*	تعین کردن
besuchen	*molâqât kardan*	ملاقات کردن
besuchen kurz	*sar zadan*	سر زدن
beten	*ebâdat kardan*	عبادت کردن
Betrag	*mablagh*	مبلغ
betrübt/verwirrt/ traurig	*perêschân*	پریشان
betrügen/täuschen	*fareb dâdan/ gôl zadan*	فریب دادن / گول زدن
Bett	*takht*	تخت
Bettdecke	*lehâf*	لحاف
Bettler	*gadâ/faqir*	گدا/فقیر
Bettwäsche	*malâfa/lawâzem-e bestar/rôi dschâji*	ملافه/لوازم بستر / روی جائی

Bevölkerung	*melat/mardom/ khalq*	ملت/مردم/ خلق
bevor	*pêsch az ân ke*	پیش از آنکه
bewaffneter Mann	*marde mosallah*	مرد مسلح
bewaffneter Wider- stand	*moqâwemat-e mosallahâna*	مقاومت مسلحانه
Bewegung	*harakat*	حرکت
beweisen	*sâbet kardan*	ثابت کردن
bezeugen	*schâhâdat dâdan*	شهادت دادن
Bibel	*endschil*	انجیل
Bibliothek	*ketâbkhâna*	کتابخانه
Bier	*bir/âb-e dschau*	بیر/آبجو
Bild	*aks*	عکس
Bildhauer	*modschasema sâz*	مجسمه ساز
Bildung	*âmôzesch*	آموزش
billig/billiger	*arzân/arzântar*	ارزان/ارزانتر
binden/schließen	*bastan <band>*	بستن <بند>
Birne	*nâk/golâbi*	ناک/گلابی
bis	*tâ/tâ inke / tâ waqteke*	تا/تا اینکه / تا وقتیکه
bitte	*lotfan*	لطفاً
bitte schön	*befarmâjêd*	بفرمایید
bitter	*talkh*	تلخ

bitter weinen	*zâr gristan <geri>*	زار گریستن <گری>
Blähungen	*bâd gereftagi / gâz gereftagi*	باد گرفتگی/ گازگرفتگی
blasen/wehen	*wazidan <waz>*	وزیدن <وز>
Blatt	*barg/waraq*	برگ/ ورق
blau	*âbi*	آبی
Blech	*halabi*	حلبی
Blei	*sorb*	سرب
bleiben	*mândan <mân>*	ماندن <مان>
bleich	*rang parida*	رنگ پریده
Bleistift	*pensel/medâd*	پنسل/ مداد
Blick	*nazar/negâh*	نظر/نگاه
blind	*kôr/nâbinâ*	کور/نابینا
Blinddarm	*âpândisi*	آپاندیسی
Blinker	*tscherâgh-e eschâra*	چراغ اشاره
Blitz	*barq*	برق
bloß nicht	*mabâdâ*	مبادا
blühen	*schokoftan <schokof>*	شکفتن <شکف>
Blume	*gol*	گل
Blumenkohl	*golpi*	گلپی
Blumentopf	*goldân*	گلدان
Blut	*khun*	خون

Blutdruck	*feschâr-e khun*	فشارخون
Blüte	*schokufa*	شکوفه
Blutentnahme	*khun gereftan*	خون گرفتن
Bohne	*lubjâ*	لوبیا
böse	*bad/khaschen*	بد/خشن
Botschaft	*sefârat*	سفارت
Botschafter	*safir – sofarâ*	سفیر - سفرا
Brand	*sôkhtagi*	سوختگی
Brandsalbe	*krem-e sôkhtagi*	کریم سوختگی
braten	*sorkh kardan/ pokhtan <pokht>*	سرخ کردن / پختن <پخت>
Brauch	*an'anah / rasm-ô-rawâdsch*	عنعنه / رسم و رواج
brauchbar	*qâbel-e estefâda/mofid*	قابل استفاده / مفید
brauchen	*zarurat dâschtan*	ضرورت داشتن
braun	*naswâri/qahwaij*	نسواری/قهوئی
bräunlich	*mâil ba qawaij*	مایل به قهوه
Breite	*arz/bar*	عرض/بر
brennen	*sôkhtan <sôz>*	سوختن <سوز>
Brief	*khatt/nâma/ maktub*	خط/نامه/مکتوب
Briefmarke	*posta/tambar*	پسته/تمبر
Briefstil	*nâma nawisi*	نامه نویسی
Brieftasche	*baksak-e dschibi*	بکسک جیبی

Briefumschlag	*pâkat*	پاکت
Brille	*ai'nak*	عینک
bringen	*âwardan <âwar>*	آوردن <آور>
Brot	*nân*	نان
Brücke	*pol*	پل
Bruder	*barâdar*	برادر
Brunnen	*tschâh / tscheschma / fawâra*	چاه / چشمه / فواره
Brust	*sina*	سینه
Buch	*ketâb*	کتاب
Buchbinder	*sahâf*	صحاف
Buchbinderei	*kârkhâna-je sahâfi*	کارخانهٔ صحافی
Buchdrucker	*tschâp konenda*	چاپ کننده
buchen	*sabt kardan*	ثبت کردن
Bücherei	*ketâbkhâna*	کتابخانه
Buchhaltung	*hesâbdâri*	حسابداری
Buchhandlung	*ketâb fruschi*	کتابفروشی
Buddha	*budâ*	بودا
Buddhastatue	*modschasema-je budâ*	مجسمهٔ بودا
Buddhismus	*mazhab-e budâji*	مذهب بودائی
Bügeleisen	*ôtu*	وطو
bügeln	*ôtu kardan*	وطوکردن

Bühne	*dschâje sokhanrâni /sahna /setejh/ parda-je nomâjesch*	جای سخنرانی / صحنه/ستیژ / پردهٔ نمایش
Bündel	*basta*	بسته
bunt/verschieden	*rangârang/ motanawe'*	رنگارنگ / متنوع
Burg	*dejh/qaser/kâkh*	دژ/قصر / کاخ
Bürgersteig	*pejâda rau*	پیاده رو
Büro	*daftar/edâra*	دفتر/اداره
Büromaterial	*qortasia*	قرطاسیه
Bus	*sarwis*	سرویس
Bushaltestelle	*istgâh-e sarwis*	ایستگاه سرویس
Businessklasse	*todschârati*	تجارتی
Butter	*maska*	مسکه
Café	*qawa khâna / tschâi khâna*	قهوه خانه / چای‌خانه
Chef	*rais*	رئیس
Chirurg	*dâktar-e dscharâh*	داکتر جراح
Cholera	*kôlarâ*	کولرا
Computer	*campeutar*	کمپیوتر
da/weil	*tschun/tschunke*	چون/چونکه
Dach	*bâm (außen)*	بام
dafür	*barâ-je ân*	برای آن

damals	*ânwaqt/ dar ân zamân*	آنوقت / در آن زمان
Dame	*khânom*	خانم
Damenbinde	*nawâr-e behdâschti/kôteks*	نوار بهداشتی / کوتکس
damit	*tâ*	تا
Dampf	*bokhâr*	بخار
Dampfer	*keschti-je bokhâr*	کشتی بخار
danach	*ba'd*	بعد
Danke	*taschakor/ mamnun/ motschakeram*	تشکر / ممنون / متشکرم
Darm	*rôda*	روده
darstellen	*nomâêsch dâdan*	نمایش دادن
dass	*ke*	که
Dattel	*khormâ*	خرما
Datum	*taqwim/târikh*	تقویم/تاریخ
Dauer	*modat*	مدت
dauern	*dawâm kardan / tul kaschidan*	دوام کردن / طول کشیدن
dauernd/immer	*hamêscha/ hamwâra*	همیشه/همواره
Dauerwelle	*tuni môi*	طونی موی
Decke (Zimmer-)	*saqf*	سقف

Defekt	*kharâb (Sache) / ma'jub (Menschen)*	خراب / معیوب
Defizit	*kambud*	کمبود
denken	*fekr kardan*	فکر کردن
Denker	*motafaker*	متفکر
Denkmal	*modschasema/ jâdgâr*	مجسمه / یادگار
denn	*tschonânke/zirâke*	چنانکه/زیراکه
der Erste	*awwal/awwalin*	اول/اولین
Deutsch	*âlmâni*	آلمانی
Deutschland	*âlmân/dscharmani*	آلمان/جرمنی
Devisen	*as'âr*	اسعار
Diabetes	*maraz-e schakar/qand*	مرض شکر/قند
dicht	*anbô'*	انبوع
Dichter	*schâ'er – scho'arâ*	شاعر - شعرا
dick	*tschâq*	چاق
Dieb	*dozd*	دزد
Diebstahl	*dozdi*	دزدی
dienen	*khetmat kardan*	خدمت کردن
Diener	*nôkar*	نوکر
Dienst	*khedmat*	خدمت
Dienstag	*se-schambe*	سه شنبه
dieser/diese/dieses	*in/hamin*	این/همین

Ding/Sache	*tschiz*	چیز
direkt	*mostaqim*	مستقیم
Direktor	*modir*	مدیر
Disziplin	*enzebât*	انضباط
dividieren	*taqsim kardan*	تقسیم کردن
doch	*tscherâ*	چرا
dolmetschen	*tardschomâni kardan*	ترجمانی کردن
Dolmetscher	*tardschomân/ motardschem*	ترجمان/ مترجم
Donner	*ra‘d*	رعد
Donnerstag	*pandsch-schambe*	پنجشنبه
doppelt	*du brâbar / du tschand*	دو برابر/ دو چند
Doppelzimmer	*otâq-e dunafara*	اطاق دو نفره
Dorf	*qarja/deh/rôstâ*	قریه/ده/روستا
Dorn	*khâr*	خار
dort	*ândschâ*	آنجا
Dose	*qôti-je âhani*	قوطی آهنی
Draht	*sim*	سیم
dringend	*zarôr/âdschel*	ضرور/عاجل
Drittel/Dreiviertel	*sols/se bar tschahâr*	ثلث/سه برچهار
Drogen	*mawâd-e mokhadera*	مواد مخدره
drohen	*tahdid kardan*	تهدید کردن

Drohung	*tahdid*	تهدید
drücken	*feschâr dâdan*	فشار دادن
du	*tu*	تو
dumm	*bêkherad/lauda/ ahmaq*	بی‌خرد/لوده/ احمق
Dummheit	*bêkheradi/ ahmâqat*	بی‌خردی/ احماقت
dunkel	*târik/tira*	تاریک/تیره
Dunkelheit	*târiki*	تاریکی
dünn	*nâzok/bârik (Gegenstand) / lâghar (Personen)*	نازک/ باریک/لاغر
durch	*tawasôt*	توسط
Durchfall	*eshâl*	اسهال
durchfallen	*nâkâm mândan*	ناکام ماندن
dürfen	*edschâza dâschtan*	اجازه داشتن
Dürre	*khoschki/ khoschksâli*	خشکی/ خشکسالی
dürsten	*teschna schodan*	تشنه شدن
durstig	*teschna*	تشنه
Dusche	*schâwar*	شاور
Dutzend	*dardschan*	درجن
Ebbe	*dschazr*	جزر
Ebene	*zamin-e hamwâr*	زمین هموار
echt	*dorost/asel*	درست/اصل

Ecke	*kondsch/kenâr*	کنج/کنار
Economyklasse	*nôrmâl*	نورمال
Edelstein	*dschauhar/* *sange qimati*	جوهر / سنگ قیمتی
Egoist	*khôdkhâh/* *az khôd râzi*	خودخواه/ از خود راضی
Ehefrau	*zan/hamsar*	زن/همسر
Ehemann	*schauhar/hamsar*	شوهر همسر
Ehepaar	*zan-ô-schauhar*	زن و شوهر
Eheschließung/ Heirat	*ezdewâdsch*	ازدواج
Ehre	*eftekhâr/nâmus/* *scharâfat*	افتخار/ناموس / شرافت
ehrlich	*sâdeq/râst*	صادق/راست
Ei	*tokhm-e morgh*	تخم مرغ
Eiche	*balut*	بلوت
Eigentum/Habe	*mâl*	مال
Eile	*schetâb/adschala*	شتاب/عجله
eilen	*adschala kardan*	عجله کردن
Eimer	*satel*	سطل
ein Dutzend	*jak dardschan*	یک درجن
einander	*jak digar*	یکدیگر
Einbrecher	*dozd*	دزد
Eindruck	*tâsir/bardâscht*	تاثیر/برداشت
einfach	*sâda*	ساده

Einfahrt	*mahal-e ôrud*	محل ورود
einfarbig	*jak rang*	یک رنگ
Eingang	*dar-e dokhôli*	در دخولی
einige	*ba'zê / tschantâ/ kamê*	بعضی/ چندتا / کمی
einladen	*da'wat kardan*	دعوت کردن
Einladung	*da'wat / da'wat nâma*	دعوت / دعوتنامه
einnehmen	*eschghâl kardan*	اشغال کردن
eins	*jak*	یک
einsam	*tanhâ*	تنها
einschalten	*rôschan kardan*	روشن کردن
einschenken	*rikhtan*	ریختن
einsperren	*habs kardan*	حبس کردن
einsteigen	*sawâr schodan*	سوار شدن
Eintopf	*âsch*	آش
eintreten	*dâkhel schodan*	داخل شدن
Eintritt	*ôrud*	ورود
Einwohner	*bâschendagân*	باشندگان
Einwohner/ Publikum	*dschm'jat*	جمعیت
Einzahl	*mofrad*	مفرد
einzahlen	*pardâkhtan <pardâz>*	پرداختن <پرداز>
Einzelheit	*dschozijât*	جزئیات

Einzelzimmer	*otâq-e jaknafara*	اطاق يكنفره
einzig	*jagâna*	يگانه
Eis	*schirjakh/bastani/ âiskrim*	شيريخ / بستنى/ آيسكريم
Eisen	*âhan*	آهن
Elefant	*fil*	فيل
Elektrizität	*barq*	برق
Ellbogen	*ârondsch*	آرنج
Eltern	*wâledain/ padar-ô-mâder*	والدين/ پدر و مادر
empfangen	*paziroftan / pazirâji kardan*	پذيرفتن/ پذيرائى كردن
Empfänger	*girenda*	گيرنده
Empfangszimmer	*otâq-e pazirâji*	اطاق پذيرائى
empfehlen	*sefâresch kardan*	سفارش كردن
Empfehlung	*sefâresch*	سفارش
Ende	*âkher*	آخر
enden	*âkher schodan / tamâm schodan*	آخرشدن / تمام شدن
endlich	*belâkhera*	بلاخره
Endstation	*estgâh-e âkher*	ايستگاه آخر
Energie	*enarjhi*	انرژى
energisch	*bâ enarjhi*	باانرژى
eng	*tang*	تنگ
Engel	*fereschta*	فرشته

englisch	*englisi*	انگلیسی
Enkel	*nawha/nawâsa*	نوه/نواسه
entdecken	*kaschf kardan*	کشف کردن
Ente	*morghâbi*	مرغابی
Entfernung	*fâsela*	فاصله
entleihen	*qarz kardan*	قرض کردن
entschuldigen	*mazerat khâstan / bakhschidan <bakhsch>*	معذرت خواستن / بخشیدن <بخش>
Entwicklung	*pischraft/taraqi*	پیشرفت/ترقی
Entzündung	*zakhem*	زخم
entzünden	*âtasch zadan*	آتش زدن
er, sie, es	*u*	او
Erbe	*wâres / miras*	وارث / میراث
Erbsen	*nakhôd-e sabz*	نخود سبز
Erdbeben	*zelzela*	زلزله
Erdbeere	*tut-e zamini*	توت زمینی
Erde	*zamin*	زمین
Erdgeschoss	*tabaqa-je awwal*	طبقهٔ اول
Erdnüsse	*dschalghôza-je pâkestâni*	جلغوزهٔ پاکستانی
erfahren	*tadschroba kardan / balad schodan*	تجربه کردن / بلد شدن
Erfahrung	*tadschroba*	تجربه
Erfolg	*mowafaqjat*	موفقیت

ergreifen	*hamla kardan*	حمله کردن
erhöhen	*boland bordan*	بلند بردن
erholen sich	*esterâhat kardan*	استراحت کردن
erinnern sich	*ba jâd dâschtan*	به یاد داشتن
Erinnerung	*khâterât*	خاطرات
Erkältung	*rêzesch kardan /* *sarmâ khôrdan*	ریزش کردن/ سرماخوردن
erkämpfen	*ba dast âwordan*	بدست آوردن
erkannt	*maschhur /* *schenâkhta schoda*	مشهور / شناخته شده
erklären	*taschrih dâdan*	تشریح دادن
Erklärung	*taschrihât*	تشریحات
Erlaubnis	*edschâza*	اجازه
ernst	*dschidi*	جدی
Ernte	*hâsel*	حاصل
erobern	*taskhir kardan /* *fatah kardan*	تسخیر کردن / فتح کردن /
Ersatzteil	*porza-je ezâfi*	پرزهٔ اضافی
erstaunen	*ta'dschob kardan*	تعجب کردن
Erste Klasse	*daradscha awwal*	درجه اول
Erste Hilfe	*komak-e awwalja*	کمک اولیه
erwarten	*entezâr dâschtan*	انتظار داشتن
Erwerb	*kasb*	کسب

erzählen	*qesa/hekâjat / naql kardan*	قصه/حکایت / نقل کردن
Erzählung	*hekâjat*	حکایت
Esel	*khar*	خر
essen	*khôrdan*	خوردن
Essen/Mahlzeit	*khôrâk/ghezâ*	خوراک/غذا
Essig	*serka*	سرکه
Esszimmer	*otâq-e nân / ta'âm khôri*	اطاق نان/ طعام خوری
etwa	*taqriban*	تقریباً
etwas	*kamê/tschizê*	کمی/چیزی
Eule	*bum/dschoghd*	بوم/جغد
Europa	*orupâ*	اروپا
Euter	*pestân*	پستان
ewig	*dschâwedân/dâjemi*	جاویدان/دایمی
Ewigkeit	*abadi*	ابدی
Exemplar	*dschold*	جلد
existieren	*wodschud dâschtan*	وجود داشتن
Explosion	*enfedschâr*	انفجار
Export	*sâderât*	صادرات
Exporteur	*sâder konenda*	صادر کننده
exportieren	*sâder kardan*	صادر کردن
Exzellenz	*dschenâb*	جناب

Fabrik	*kârkhâna/fâbrika*	کارخانه/فابریکه
Fächer	*paka*	پکه
Fachhochschule	*maktab-e takhnik*	مکتب تخنیک
Fachmann	*motakhases*	متخصص
Faden	*târ*	تار
Fähigkeit	*tawânâji*	توانائی
Fahne	*bairaq/alam*	بیرق/علم
fahren	*rândan/* *derâiv kardan*	راندن/ درایف کردن
Fahrer	*rânenda/* *môtarân (wân)*	راننده / موتران (وان)
Fahrgast	*mosâfer*	مسافر
Fahrkarte	*teket/belit*	تکت/بلیط
Fahrplan	*auqât-e harakat*	اوقات حرکت
Fahrrad	*bâisekel/* *dutscharkha*	بایسکل/ دوچرخه
Fahrstuhl	*left*	لفت
Fahrzeugschein	*dschawâz-e sair /* *asnâd-e môtar*	جوازسیر/ اسناد موتر
Fahrzeugschlüssel	*klid-e môtar*	کلید موتر
fallen	*oftâdan <oft>*	افتادن <افت>
falls	*agar*	اگر
falsch	*nâdorost/ghalat*	نادرست/غلط

Familie	*fâmil/khânewâda*	فامیل/خانواده
fangen	*qapidan/qâpidan* *<qap>*	قپیدن/قاپیدن <قپ>
Farbe	*rang*	رنگ
färben	*rang kardan*	رنگ کردن
Färber	*rangriz*	رنگریز
farbig	*rangin/ranga*	رنگین/رنگه
fast	*taqriban*	تقریباً
fasten	*rôza gereftan*	روزه گرفتن
faul	*tambal*[21]	تنبل
Faust	*moscht*	مشت
Feder	*par*	پر
fegen	*dschâru(b) kardan*	جارو(ب) کردن
fehlen	*kam budan*	کم بودن
Fehler	*eschtebâ/ghalati/* *khatâ*	اشتباه/غلطی/ خطا
Feiertag	*rokhsati/* *ta'tilât*	رخصتی/ تعطیلات
Feige	*andschir*	انجیر
feige	*tarsô*	ترسو
feilschen	*dschagra kardan /* *tschâna zadan*	جگره کردن / چانه زدن
Feind	*doschman*	دشمن

21 *n + b* wird m gesprochen: faul *tambal* تنبل

feindlich	*doschmanâna*	دشمنانه
Feindschaft	*doschmani*	دشمنی
Feld	*mazre'a*	مزرعه
Fell	*pôst*	پوست
Fels	*sakhra*	سخره
Fenster	*kelkin/pandschara*	کلکین / پنجره
Fensterscheibe	*schischa-je pandschara*	شیشهٔ پنجره
fern/weit	*dur*	دور
Fernrohr	*durbin*	دوربین
Fernsehen	*telwisiun*	تلویزیون
fertig	*tamam/khalâs*	تمام/خلاص
Fest	*ejd/dschaschn*	عید/جشن
fest	*mahkam*	محکم
Fett	*tscharb/tscharbi*	چرب/چربی
fettarm (Adj.)	*kam tscharbi*	کم چربی
feucht	*martub/namnâk*	مرطوب/نمناک
Feuchtigkeit	*rotubat*	رطوبت
Feuer	*âtasch*	آتش
Feuerwehr	*etfâjia/ âtasch neschân*	اطفائیه/ آتش نشان
Feuerzeug	*segret lâitar/ fendek/tschakhmâq*	سگرت لایتر / فندک/ چخماق
Fieber	*tab*	تب

Fieber haben	*tab kardan/dâschtan*	تب کردن/داشتن
Figur	*andâm*	اندام
Filiale	*scho'ba*	شعبه
Film	*fêlm*	فلم
Filzteppich	*namad*	نمد
finden	*jâftan/jâbidan <jâb>/ paidâ kardan*	یافتن/یابیدن <یاب> / پیدا کردن
Finger	*angoscht*	انگشت
Finger-/Zehnagel	*nâkhon*	ناخن
Fingerhut	*angoschtâna*	انگشتانه
Finsternis	*târiki*	تاریکی
Fisch	*mâhi*	ماهی
fischen	*mâhi giri*	ماهی گیری
Fischer	*mâhi gir*	ماهی گیر
Fischhändler	*mâhji frusch*	ماهی فروش
flach	*hamwâr*	هموار
Fläche	*sat(h)*	سطح
Flagge	*partscham*	پرچم
Flamme	*scho'la*	شعله
Flasche	*bôtal/betri*	بوتل/بطری
Fleck	*laka*	لکه
Fleisch	*gôscht*	گوشت

Fleischer	*qasâb*	قصاب
flicken	*rofu/pina kardan*	رفو/پینه کردن
Fliege	*magas*	مگس
fliegen	*parwâz kardan (Menschen) / paridan <par> (Vogel)*	پروازکردن/ پریدن <پر>
Flieger	*hawâ naward*	هوا نورد
fliehen	*gorikhtan <gorez>/ farâr kardan*	گریختن <گریز> / فرار کردن
Floh	*kaik*	کیک
Flotte	*nai/tula*	نی/توله
Flucht	*farâr*	فرار
Flughafen/ Flugplatz	*maidân-e hawâji / maidân-e tajâra/ frôdgâh*	میدان هوائی / میدان طیاره / فرودگاه
Flugnummer	*nomr-e tajâra*	نمره طیاره
Flugzeug	*tajâra/hawâpaimâ*	طیاره/هواپیما
Fluss	*darjâ/rôd khâna*	دریا/رود خانه
Flut	*madd*	مد
Fohlen	*korr-e asp*	کره اسپ
fordern	*khâstan*	خواستن
Format	*andâza*	اندازه
Formular	*fôrm/fôrma*	فورم/فورمه

Fortschritt	*pischraft*	پیشرفت
fortsetzen	*edâma dâdan*	ادامه دادن
Foto	*aks*	عکس
Fotogeschäft	*akâskhâna*	عکاسخانه
fotografieren	*akâsi kardan*	عکاسی کردن
Frage	*sowâl/porsesch*	سؤال/پرسش
fragen	*sowâl kardan /* *porsidan <pors>*	سؤال کردن / پرسیدن <پرس>
Frankreich	*frânsa*	فرانسه
französisch	*frânsawi*	فرانسوی
Frau	*zan/khânom*	زن/خانم
Frauenarzt	*dâktar-e zanân/* *dâktar-e nesâji*	داکتر زنان / داکتر نسائی
frech	*fozul*	فضول
frei	*âzâd/mostaqel*	آزاد/مستقل
freie Stelle	*dschâi-je khâli*	جای خالی
Freiheit	*âzâdi*	آزادی
Freitag	*dschom'a*	جمعه
freiwillig	*dâwotalabâna/* *delkhâh*	داوطلبانه / دلخواه
Freizeit	*tafrih*	تفریح
fremd	*bêgâna*	بیگانه
Freude	*schâdmâni/khôschi*	شادمانی/خوشی

freuen sich	*khôsch schodan / khôschhâl schodan*	خوش شدن / خوشحال شدن
Freund	*dôst/rafiq/jâr*	دوست/رفیق/یار
freundlich	*mehrabân/mahbub*	مهربان/محبوب
Freundschaft	*dôsti*	دوستی
freundschaftlich	*dôstâna*	دوستانه
Frieden	*solh*	صلح
Friedhof	*qabrestân*	قبرستان
friedlich	*ârâm/solhadschô/ solhâmêz*	آرام/صلح جو / صلح آمیز
frieren	*khonok khôrdan (Menschen) / jakh bastan/ jakh zadan*	خنک خوردن / یخ بستن / یخ زدن
Frikadelle	*kôfta*	کوفته
frisch	*tâza/schâdâb*	تازه/شاداب
Friseur	*ârâischgar (weibl.) / salmâni (männl.)*	آرایشگر / سلمانی
froh	*schâd*	شاد
fröhlich	*khôschhâl*	خوشحال
Frucht	*mêwa/samar*	میوه/ثمر
fruchtbar	*bâ samar*	با ثمر
früh	*zud/waqt*	زود/وقت
früher	*sâbeq*	سابق
Frühling	*bahâr*	بهار

Frühstück	*sobhâna /* *nâschtâji /* *tschâi-je sobh*	صبحانه / ناشتائی / چای صبح
Führerschein	*lesâns-e môtar*	لسانس موتر
fünf Prozent	*pandsch dar sad*	پنج در صد
funktionieren	*kâr dâdan /* *kâr kardan*	کار دادن / کارکردن
für	*barâ-je*	برای
fürchten	*tarsidan <tars>*	ترسیدن <ترس>
Fuß	*pâ*	پا
Fußball	*fôtbâl*	فوتبال
Gabel	*pandscha/* *tschangâl*	پنجه/ چنگال
Galerie	*negâr khâna /* *nomâjesch gâh*	نگارخانه / نمایشگاه
Gans	*qâz/ghâz*	قاز/غاز
ganz	*tamâm/kâmel*	تمام/کامل
gar nicht	*hêtsch*	هیچ
Garage	*gârâjh*	گاراژ
Garantie	*zmânat/garanti*	ضمانت/گرنتی
Gärtchen/ Vorgarten	*bâghtscha*	باغچه
Garten	*bâgh*	باغ
Gärtner	*bâghbân*	باغبان
Gasse	*kutscha*	کوچه

Gast	*mehmân*	مهمان
Gastgeber	*mehmândâr*	مهماندار
Gatte	*schauhar*	شوهر
Gebäck	*koltscha*	کلچه
Gebäude	*ta'mir/benâ/emârat*	تعمیر/بنا/عمارت
geben	*dâdan <de>*	دادن <ده >
Gebet	*ebâdat/namâz*	عبادت/نماز
Gebiet	*mantaqa*	منطقه
gebraten	*sorhk karda*	سرخ کرده
Gebräuche	*âdâb-ô-rosum*	آداب و رسوم
gebrochen	*schekastagi*	شکستگی
Gebühr	*odschrat*	اجرت
Geburtstag	*sâlgera*	سالگره
Gedächtnis	*hâfeza*	حافظه
Gedanken	*fekr/khijâl*	فکر/خیال
Gedicht – Gedichte	*sche'r – asch'âr*	شعر - اشعار
Geduld	*sabr*	صبر
geduldig	*sâber/sabur*	صابر/صبور
geehrt	*mohtaram/gerâmi*	محترم/گرامی
Gefahr	*khatar*	خطر
gefährlich	*khatarnâk*	خطرناک
Gefängnis	*bandi khâna/ zendân*	بندیخانه/ زندان
Gefecht	*dschang*	جنگ

Geflügel	*parendagân*	پرندگان
Gefühl	*ehsâs*	احساس
gegangen	*rafta*	رفته
gegen	*bara'la (jem.) /* *dar hawâli /* *taraf hâ-je*	برعليه / در حوالی / طرف های
Gegend	*nâhja*	ناحيه
Gegenstand	*schai – aschjâ /* *tschiz*	شی- اشيا / چيز
Gegenteil	*zed*	ضد
gegenüber	*moqâbel/rubaru*	مقابل/روبرو
Gegner	*mokhâlef/raqib*	مخالف/رقيب
Gehalt	*mo'âsch/hoquq*	معاش/حقوق
geheim	*makhfi/penhân*	مخفی/پنهان
geheimes Treffen	*molâqât-e* *makhfiâna*	ملاقات مخفيانه
Geheimnis	*râz*	راز
Geheimpolizei	*polis-e makhfi*	پليس مخفی
Geheimtür	*dar-e makhfi*	در مخفی
gehen	*raftan <rau>*	رفتن <رو>
Gehirn	*maghz*	مغز
Gehweg	*pjâda rau*	پياده رو
Geistlicher	*molâ*	ملا
geizig	*khasis*	خسيس
Geländewagen	*môter-e dschip*	موتر جيپ

gelb	*zard*	زرد
Geld	*pul*	پول
Geldwechsel	*sarâfi*	صرافی
Geldwechseler	*sarâf*	صراف
Geliebte	*ma'schuqa*	معشوقه
gelingen	*mowafaq / nâjel schodan*	موفق/نائل شدن
gemäßigt	*mo'tadel/barâbar*	معتدل/برابر
gemeinsam	*moschtarak/ jakdschâ/tauam*	مشترک / یکجا/توام
Gemüse	*sabzidschât*	سبزیجات
gemustert	*goldâr/naqschi*	گلدار/نقشی
geneigt sein	*mâjel budan*	مایل بودن
General	*dschanrâl-e nezâmi*	جنرال نظامی
genießen	*lezat bordan*	لذت بردن
genügend/genug	*kâfi*	کافی
Genuss	*hazz – hozuz / lezat*	حظ - حظوظ / لذت
Gepäck	*bâr/baks hâ*	بار/بکسها
Gepäckträger	*hamâl/ dschowâli/bârbar*	احمال/ جوالی/ بار بر
gepunktet	*khâl khâli*	خال خالی
gerade	*râst/mostaqim*	راست/مستقیم
Gerät	*asbâb/afzâr*	اسباب/افزار

gerecht	*âdel*	عادل
Gerechtigkeit	*adâlat*	عدالت
Gericht (Essen)	*ghezâ*	غذا
Gericht (Justiz)	*mahkama*	محکمه
Geruch	*bu(i)*	بو(ی)
Geschenk	*bakhschesch/tohfa*	بخشش/تحفه
Geschichte	*târikh*	تاریخ
geschieden sein	*talâq schoda*	طلاق شده
Geschirr	*zarf – zoruf*	ظرف - ظروف
Geschlechts-organe	*âla-je tanâsuli*	آلۀ تناسلی
Geschmack	*maza/ta'm*	مزه/طعم
Geschwindigkeit	*sor'at*	سرعت
Geschwister	*khâhar-ô-barâdar*	خواهر و برادر
Gesetz	*qânun*	قانون
gesetzlich	*qânuni*	قانونی
Gesicht	*ru(i)/surat*	رو(ی)/صورت
Gesichtspuder	*pôdar-e rui*	پودر روی
gesperrt	*basta*	بسته
Gespräch	*sohbat*	صحبت
Gestalt	*schakel*	شکل
gestatten	*edschâza dâdan*	اجازه دادن
gestehen	*eqrâr kardan*	اقرارکردن
gestern	*dirôz*	دیروز
gestreift	*râh râh/râhdâr*	راه راه/راه دار

gesund	*sâlem/tandorost*	سالم/تندرست
Gesundheit	*salâmati*	سلامتی
Getränk	*nôschâba/ âschâmidani*	نوشابه/ آشامیدنی
Gewehr	*tofang*	تفنگ
Gewicht	*wazn*	وزن
Gewinn	*sud/mafâd*	سود/مفاد
gewiss	*jaqin*	یقین
Gewissen	*wedschdân*	وجدان
Gewohnheit	*âdat*	عادت
Gewürz	*masâla/adwija*	مساله/ادویه
gezwungen sein	*madschbur budan / madschbur schodan*	مجبور بودن / مجبورشدن
gießen	*âb dâdan / âbjâri kardan*	آب دادن / آبیاری کردن
Gipfel	*qo'la-je kôh*	قعلۀ کوه
Glas	*gilâs/liwân*	گیلاس/لیوان
Glaube	*aqida/imân*	عقیده/ایمان
glauben	*aqida dâschtan*	عقیده داشتن
gläubig	*mo'men*	مؤمن
glaubwürdig	*mowasaq / qâbele qabul*	مؤثق / قابل قبول
gleich	*barâbar/mosâwi*	برابر/مساوی
gleiche Rechte	*hoquq-e mosâwie*	حقوقی مساوی

gleichzeitig	*ain-e waqt / ain-e zamân*	عین وقت / عین زمان
Gleis	*khat-e qatâr / khat-e rêl*	خط قطار/ خط ریل
Glied(er)	*ozw - a‘zâ*	عضو - اعضا
Glück	*bakht/tâle‘*	بخت/طالع
glücklich	*khôschbakht/ sa‘âdatmand*	خوشبخت / سعادتمند
glücklicherweise	*khôschbakhtâna*	خوشبختانه
Glückwunsch	*mobârak/tabrik*	مبارک/تبریک
Glühlampe	*grup*	گروپ
Gnade	*lotf*	لطف
Gnade Gottes	*lotf-e khodâwand*	لطف خداوند
Gold	*zar/telâ*	زر/طلا
golden	*telâji*	طلائی
Goldmark	*telâ foruschi / zargari*	طلا فروشی/ زرگری
Golf	*khalidsch*	خلیج
Gott	*khodâ*	خدا
Götze	*bot*	بت
Gouverneur	*wâli*	والی
Grab	*qabr*	قبر
Grad	*daradscha*	درجه
Gramm	*gerâm*	گرام

Granatapfel	*anâr*	انار
Granate/Bombe	*nârendschak*	نارنجک
Gras	*sabza*	سبزه
gratis	*moft/râjagân*	مفت/رایگان
grau	*khâki/khâkestari*	خاکی/خاکستری
Grenze	*sarhad/marz*	سرحد/مرز
grob	*doroscht*	درشت
groß	*kalân/bozorg*	کلان/بزرگ
Größe	*andâza*	اندازه
Großeltern	*padar-ô-mâdarkalân*	پدر و مادرکلان
Großmutter	*mâdar kalân*	مادرکلان
größtenteils	*aksaran/aksarjat*	اکثراً/اکثریت
Großvater	*padar kalân*	پدرکلان
grün	*sabz*	سبز
Grund – Gründe	*ellat – elal*	علت - علل
Grundschule	*maktab-e ebtedâija*	مکتب ابتدائیه
Gruppe	*goroh/grup*	گروه/گروپ
grüßen	*salâm kardan*	سلام کردن
gültig	*mo'tabar*	معتبر
Gummi	*lâstik/râbar*	لاستیک/رابر
Gummistiefel	*môza-je râbari / kafsch-e boland-e râbari*	موزهٔ رابری/ کفش بلند رابری
Gurke	*bâdrang/khijâr*	بادرنگ/خیار

Gürtel	*kamarband*	کمربند
gut	*khub*	خوب
gute Nacht	*schab bakhair*	شب بخیر
gutmütig	*khôsch bâwar*	خوش باور
Gymnasium	*maktab-e âli / maktab-e lesa / dabirestân*	مکتب عالی / مکتب لیسه / دبیرستان
Haar	*mu(i)*	مو(ی)
Haarnadeln	*sikhak-e mui*	سیخک موی
Haarspange	*gol-e mui*	گل موی
haben	*dâschtan <dâr>*	داشتن <دار>
Hafen	*bandargâh*	بندرگاه
Hahn	*morgh-e khorus*	مرغ خروس
Hähnchen	*morgh-e mâkjân*	مرغ ماکیان
Hälfte	*nesf/nim*	نصف/نیم
Halle	*tâlâr/sâlun*	تالار/سالون
Hals	*gardan*	گردن
Hals-, Nasen-, Ohrenarzt	*dâktar-e gôsch-ô-golun*	داکتر گوش و گلون
Halsschmerzen	*golundardi*	گلوندردی
haltbar	*dawâmdâr*	دوامدار
Haltestelle	*istgâh*	ایستگاه
Hammel	*gôsfand*	گوسفند
Hammer	*tschakosch*	چکش

Hand	*dast*	دست
Handcreme	*krim-e dast*	کریم دست
Handschuh	*dastkasch*	دستکش
Handtuch	*dastpâk / ruipâk /* *dastmâl-e dast*	دستپاک / رویپاک / دستمال دست
hängen	*âwêkhtan <âwiz>*	آویختن <آویز >
hart	*sakht*	سخت
Härte	*sakhti*	سختی
Hase	*khargôsch*	خرگوش
Hass	*nefrat*	نفرت
hassen	*nefrat dâschtan*	نفرت داشتن
hässlich	*zescht*	زشت
häufig	*aksaran*	اکثراً
Hauptgericht	*ghezâ-je asli*	غذای اصلی
Hauptstadt	*pâjitakht*	پایتخت
Haus	*khâna/manzel*	خانه/منزل
Hausarzt	*dâktar-e* *mo'âledsch*	داکتر معالج
Hausaufgabe	*kâr-e khânagi*	کار خانگی
Hausbesitzer	*sâheb-e khâna*	صاحب خانه
Haut	*dschold/pôst*	جلد/پوست
Hautarzt	*dâktar-e dscholdi*	داکتر جلدی
Hebamme	*qâbela*	قابله

Hefe	*khamirtôrsch*	خمیرترش
Heft	*ketâbtscha/ daftartscha*	کتابچه/ دفترچه
heftig	*schadid*	شدید
heilig	*moqadas*	مقدس
Heilung	*mo'âledscha/ tabâbat*	معالجه/ طبابت
Heimat/ Heimatland	*watan/maihan/ zâdgâh*	وطن/میهن/ زادگاه
heimatlos	*âwâra/bêwatan*	آواره/بی وطن
heimlich	*makhfi/makhfijâna*	مخفی/مخفیانه
Heirat	*ezdewâdsch*	ازدواج
heiraten	*ezdewâdsch/arusi kardan*	ازدواج کردن / عروسی کردن
heiß	*dâgh*	داغ
heißes Wasser	*âb-e dâgh*	آب داغ
heizen	*garm kardan*	گرم کردن
Heizöl	*têl/naft*	تیل/نفت
Heizung	*markaz garmi*	مرکز گرمی
Held	*ghâzi*	غازی
helfen	*komak kardan*	کمک کردن
hell	*rôschan*	روشن
Hemd	*perâhan-e mardâna*	پیراهن مردانه
Herausgeber/ Publizist/Verleger	*nâscher*	ناشر

herauskommen	*birun âmadan*	بیرون آمدن
herausstellen sich	*ma'lum schodan*	معلوم شدن
Herbst	*khazân/pâjiz*	خزان/پائیز
Herde	*rama*	رمه
Herr	*âqâ/âghâ*	آقا/آغا
Herrgott	*khodâwand*	خداوند
herstellen	*sâkhtan <sâz>*	ساختن <ساز>
Herz	*qalb*	قلب
Herzinfarkt	*sakta-je qalbi*	سکتهٔ قلبی
herzlich	*samimâna*	صمیمانه
Heuchelei	*ghesch/duruji*	غش/دورو ئی
Heuchler	*durui*	دو روی
Heuschrecke	*malakh*	ملخ
heute	*emrôz*	امروز
hier	*indschâ*	اینجا
Hilfe	*komak/jâri*	کمک/یاری
Himmel	*âsmân*	آسمان
Hin- und Rückflug	*parwâz-e dutarafa*	پرواز دو طرفه
Hindernis(se)	*mâne' – mawâne'*	مانع - موانع
hinter	*aqeb/poscht*	عقب/پشت
hinzufügen	*ezâfa kardan*	اضافه کردن
Hirse	*arzan*	ارزن
Hitze	*garmâ/harârat*	گرما/حرارت
Hobel	*randa*	رنده

hoch	*boland*	بلند
Hochachtung	*ehterâm – ehterâmât*	احترام - احترامات
hochachtungsvoll	*bâ taqdim-e ehterâmât*	با تقديم احترامات
Hochzeit	*arusi/ezdewâdsch*	عروسی/ازدواج
Hof	*hauli/hejât/darbâr*	حويلی/حياط/دربار
hoffen	*omêdwâr budan*	اميدوار بودن
hoffentlich	*khodâ konad*	خداكند
Hoffnung	*omêd*	اميد
hoffnungsvoll	*omêdwâr*	اميدوار
höflich	*mo'adab/ mo'adabâna*	مؤدب/ مؤدبانه
Höhe	*bolandi/ertefâ'*	بلندی/ارتفاع
hoher / niedriger Blutdruck	*feschâr-e khun-e bâlâ / pâjin*	فشارخون بالا / پائين
Höhle	*ghâr*	غار
holen	*âwardan <âwar>*	آوردن <آور>
Holz	*tschôb/hezum*	چوب/هيزم
Honig	*asal*	عسل
Honigmelone	*kharbuza*	خربوزه
Honorar	*mozd/haq*	مزد/حق
hören	*schonidan <schnau>*	شنيدن <شنو>

Hörer	*schenauenda / gôschak-e telefon*	شنونده / گوشک تلفن
Hörgerät	*semak-e gôsch*	سمک گوش
Horizont	*ofoq*	افق
Horn	*schâkh*	شاخ
Hose	*patlun/schelwâr*	پطلون/شلوار
Hotel	*hôtal / mehmân khâna*	هوتل/ مهمانخانه
Hüfte	*sorin / lagan-e khâsera*	سرین / لگن خاسره
Hügel	*tapa*	تپه
Huhn	*morgh*	مرغ
Hund	*sag*	سگ
hungrig	*gorosna*	گرسنه
Hupe	*âran-e môtar/buq*	آرن موتر/بوق
husten	*sorfa kardan*	صرفه کردن
Hustensaft	*scharbat-e sorfa*	شربت صرفه
Hut	*kolâh*	کلاه
ich	*man*	من
Idee	*ida/fekr/tasawor*	ایده/فکر/تصور
identisch	*motâbeq*	مطابق
Ihr/Sie	*schomâ*	شما
im Voraus	*qablan*	قبلاً
immer	*hamêscha/dâim*	همیشه/دائم

immer noch	*hanôz ham*	هنوزهم
immerhin	*bâz ham*	بازهم
immer mehr	*hamêscha bêschtar / zejâdtar*	همیشه بیشتر / زیادتر
impfen	*wâksin kardan*	واکسین کردن
Import	*wâredât*	واردات
importieren	*wâred kardan*	وارد کردن
in	*dar/ba*	در/به
in Gefahr bringen	*dar khatar andakhtan*	در خطر انداختن
indisch	*hendi*	هندی
Infinitiv	*masdar*	مصدر
infolge	*dar natidscha*	در نتیجه
Information	*ma'lumât*	معلومات
Ingenieur	*indschinjar*	انجنیر
Inhalt	*mohtawâ/ferest*	محتوا/فرست
Initiative	*ebtekâr*	ابتکار
innerhalb (Ort)	*dâkhel/darun/ mejân*	داخل/درون/ میان
innerhalb (Zeit)	*dar zarf-e*	در ظرف
innerlich/innere	*dâkheli*	داخلی
inoffiziell	*ghair-e rasmi*	غیر رسمی
Insekt – Insekten	*haschara – hascharât*	حشره - حشرات
Insektenmittel	*dawâ-je gazidagi*	دوای گزیدگی

Insel	*dschazira*	جزیره
Inspektion	*taftisch/bâzrasi*	تفتیش/بازرسی
Institut	*dâneschkada/ fâkôlta*	دانشکده/ فاکولته
interessant	*dschâleb/ deltschasp*	جالب/ دلچسپ
Interesse	*alâqa*	علاقه
interessieren	*alâqa dâschtan*	علاقه داشتن
international	*beinol melali*	بین المللی
Internist	*dâktar-e dâkhela*	داکتر داخله
Interview	*mosâheba*	مصاحبه
Iraner	*irâni*	ایرانی
irren sich	*eschtebâh kardan*	اشتباه کردن
Irrtum	*eschtebâh/khatâ*	اشتباه/خطا
Islam	*eslâm*	اسلام
ja	*balê*	بلی/بله
Jacke	*korti/kot*	کرتی/کت
Jagd	*schekâr*	شکار
jagen	*rândan <rân>*	راندن <ران>
Jäger	*schekârtschi*	شکارچی
Jahr	*sâl*	سال
Jahreszeit	*fasl*	فصل
Jahrhundert	*qarn*	قرن
jährlich	*sâlâna*	سالانه

Japaner	*dschâpâni*	جاپانی
jeden Tag	*har rôz*	هر روز
jeder	*har*	هر
jedcrmann	*har kas*	هر کس
jedes Jahr	*har sâl*	هر سال
jedes Mal	*har waqt*	هر وقت
jedoch	*leken*	لکن
jemand	*kasi/schakhsi*	کسی / شخصی
jene	*ân/hamân*	آن /همان
jetzt	*hâlâ/alân*	حالا/الآن
Joghurt	*mâst*	ماست
Jugend	*dschawâni*	جوانی
jung	*dschawân*	جوان
Junge	*batscha/pesar*	بچه/پسر
Junggeselle	*mard-e modscharad*	مرد مجرد
Jurist	*hoquqdân*	حقوقدان
Juwelier	*zargari/* *telâfruschi*	زرگری / طلا فروشی
Kaaba	*ka'ba*	کعبه
Kabel	*sim*	سیم
Kaffee	*qahwa*	قهوه
Käfig	*qafas*	قفس
Kalb	*gôsâla*	گوساله
Kalbfleisch	*gôscht-e gôsâla*	گوشت گوساله

kalt	*sard*	سرد
Kamel	*schotor*	شتر
Kamm	*schâna*	شانه
Kampf	*dschang*	جنگ
kämpfen	*dschangidan* *<dschang>*	جنگیدن <جنگ>
Kämpfer	*dschangdschô*	جنگجو
Kaninchen	*khargôsch*	خرگوش
kaputtgehen	*kharâb schodan*	خراب شدن
kariert	*tschahâr khâna-ji*	چهارخانه‌ئی
Karte	*naqscha/teket/blit*	نقشه/تکت/بلیط
Kartoffel	*katschâlu /* *sêb-e zamini*	کچالو / سیب زمینی
Käse	*panir*	پنیر
Kasse	*sandôq*	صندوق
Katze	*peschak/gorba*	پشک/گربه
kaufen	*kharidan <khar>*	خریدن <خر>
Käufer	*kharidâr*	خریدار
kaum	*ba nodrat*	به ندرت
Kebab	*kabâb*	کباب
kein/einziger	*hêtsch jak /* *hêtsch kas*	هیچ یک / هیچ کس
keiner von ihnen	*hêtsch kodâm az schomâ*	هیچکدام از شما
Keller	*zêrkhâna*	زیرخانه

Kellner	*gârsun/ mehmândâr-e rasturan*	گارسون/ مهماندار رستوران
kennen	*schenâkhtan <schnâs>*	شناختن <شناس>
Keramik	*sofâli/kolâli/kâschi*	سفالی/کلالی/کاشی
Kerze	*scham'*	شمع
Kette	*zandschir/ gardanband*	زنجیر/ گردنبند
Kilo	*kilu*	کیلو
Kind	*tefel/aulâd/ batscha/farzand*	طفل/اولاد/ بچه/فرزند
Kinderarzt	*dâktar-e atfâl*	داکتر اطفال
Kinderlähmung	*faladsch-e atfâl*	فلج اطفال
kindisch/kindlich	*batschagâna/ teflâna*	بچگانه/ طفلانه
Kinn	*zenakh*	زنخ
Kino	*sinomâ*	سینما
Kirche	*kalisâ*	کلیسا
Kirschen	*âlubâlu/gilâs*	آلوبالو / گیلاس
Kissen	*motakâ/bâlesch*	متکا/بالش
Kittel	*pêschband*	پیشبند
Klagen	*gela*	گله
klar	*sâf/wâze'*	صاف/واضع
Klasse	*senf/kelâs*	صنف/کلاس

kleben	*tschaspândan / schheresch kardan*	چسپاندن / شرش کردن
Klebstoff	*scheresch*	شرش
Kleid	*pêrâhan-e zanâna*	پیراهن زنانه
Kleidung	*lebâs*	لباس
klein	*khôrd/kôtschak*	خورد/کوچک
Kleingeld	*pul-e khôrd / pul-e siâ*	پول خورد / پول سیاه
Klima	*eqlim*	اقلیم
Klingel	*zang-e dar/darwâza*	زنگ در/ دروازه
klingeln	*zang zadan*	زنگ زدن
klug	*huschjâr/zirak*	هوشیار/زیرک
Knie	*zânu*	زانو
knien	*zânu zadan*	زانو زدن
Knoblauch	*sêr*	سیر
Knöchel	*bodscholak-e pâ*	بجلک پا
Knochen	*ostokhân*	استخوان
Knopf	*dokma*	دکمه
Koch	*âschpaz*	آشپز
kochen	*pokhtan <paz> / pokhta kardan*	پختن <پز> / پخته کردن
Kohl	*karam*	کرم
Kohle	*zoghâl*	ذغال

Kommandant/ Polizeichef	*qômândân*	قوماندان
kommen	*âmadan <âi>*	آمدن <آی>
Kompass	*qotb nomâ*	قطب نما
komplett	*mokamal/pura*	مکمل/پوره
Konditorei	*koltscha fruschi*	کلچه فروشی
König	*schâh*	شاه
Königin	*maleka*	ملکه
können	*tawânestan <tawân>*	توانستن<توان>
Konsul	*qonsôl*	قنسول
Konsulat	*qonsôlgari*	قنسولگری
Kontakt	*tamâs*	تماس
Kontinent	*qâra*	قاره
Kopf	*kala/sar*	کله/سر
Kopfhörer	*gôschi*	گوشی
Kopfsalat	*kâhu*	کاهو
Kopfschmerzen	*sardardi*	سر دردی
Koran	*qorân*	قرآن
Korb	*sabad/tokri*	سبد/تکری
Korbflechter	*sabadbâf*	سبد باف
Korn	*dâna/habb*	دانه/حب
Körper	*badan/dschesm*	بدن/جسم
Korrespondent	*khabar nawis*	خبرنویس
korrespondieren	*mokâteba kardan*	مکاتبه کردن

kostbar	*qimati*	قیمتی
kosten	*qimat dâschtan*	قیمت داشتن
kostenlos	*râjagân/moft*	رایگان/مفت
Kraft	*quwat*	قوت
kräftig	*qawi*	قوی
Kragen	*jakhan*	یخن
krank	*mariz/bêmâr*	مریض/بیمار
Krankenhaus	*schafâkhâna/ bêmârestân*	شفاخانه/ بیمارستان
Krankenschwester	*nars/parastâr*	نرس/پرستار
Krankheit	*marizi/bêmâri*	مریضی/بیماری
kratzen	*khâridan <khâr>*	خاریدن <خار>
Krawatte	*nektâji*	نکتایی
Kredit	*qarza*	قرضه
Kreide	*tabâschir*	تباشیر
Kreislaufmittel	*dawâ-je feschâr*	دوای فشار
Kreuz	*salib*	صلیب
kriechen	*khazidan <khaz>*	خزیدن <خز>
Krieg	*dschang*	جنگ
Krone	*tâdsch*	تاج
krumm	*kadsch*	کج
Küche	*âschpaz khâna*	آشپزخانه
Kugelschreiber	*qalam-e khôdkâr*	قلم خودکار
Kuh	*gâw*	گاو

kühl/kalt	*sard/khonok*	سرد/خنک
Kühlschrank	*jakh tschâl*	یخچال
Kultur	*farhang*	فرهنگ
kulturell	*farhangi*	فرهنگی
Kunde	*moschtari*	مشتری
kündigen	*faskha kardan*	فسخ کردن
Kunst	*honar/san'at*	هنر/صنعت
Künstler	*honarmand*	هنرمند
künstlich	*masnô'i*	مصنوعی
Kunststoff	*palâstik*	پلاستیک
Kupfer	*mes*	مس
Kürbis	*kadu*	کدو
Kurs	*nerkh/senf/kelâs*	نرخ/صنف/کلاس
Kurve	*enehnâ/gôlâji*	انحنا/گولائی
kurz	*kôtâh*	کوتاه
Kuss	*bôsa*	بوسه
küssen	*bôsidan <bôs>/ (mâtsch kardan)*	بوسیدن<بوس>/ (ماچ کردن)
Küste	*sâhel*	ساحل
Lächeln	*labkhand*	لبخند
lächeln	*labkhand zadan*	لبخند زدن
lachen	*khandidan <khand>*	خندیدن<خند>
lachend	*khandân*	خندان
Lage	*mauq'jat*	موقعیت

Lamm	*barra*	بره
Lampe	*tscherâgh*	چراغ
Land	*keschwar/* *mamlakat*	کشور / مملکت
landen	*forôd âmadan*	فرود آمدن
Landkarte	*naqscha*	نقشه
Landschaft(en)	*manzara – manâzer /* *dur nomâ*	منظره مناظر / دور نما
Landwirtschaft	*zerâ'at*	زراعت
landwirtschaftlich	*zerâ'ati*	زراعتی
lang	*darâz*	دراز
Länge	*tul/darâzi*	طول/درازی
Langlebigkeit	*tul-e omr*	طول عمر
langsam	*âhesta/jawâsch*	آهسته/یواش
langweilig	*khasta kon*	خسته کن
Lapislazuli	*lâdschaward*	لاجورد
Lärm	*sar-ô-sadâ*	سر و صدا
lassen	*gozâschtan* *<gozâr>*	گذاشتن <گذار>
Last	*bâr*	بار
Lastwagen	*môtar-e lâri /* *môtar-e bârbari*	موترلاری / موتر باربری
Laterne	*tscherâgh*	چراغ
laufen/rennen	*dawidan <dau>*	دویدن <دو>
Laune	*kholq/ khô*	خلق/خو

laut/hoch	*boland*	بلند
laute Stimme	*sadâ-je boland*	صدای بلند
Leben	*zendagi/hajât*	زندگی/حیات
leben	*zendagi kardan*	زندگی کردن
Lebensmittel	*mawâd-e khôrâka*	مواد خوراکه
Lebensmittel-verkäufer	*baqâl*	بقال
Lebensmittelgeschäft	*baqâli*	بقالی
Lebensmittelvergiftung	*masmum-e ghezâ-ji*	مسموم غذائی
Leber	*dschigar*	جگر
lecker	*khôschmaza*	خوشمزه
Leder	*tscharm*	چرم
ledig	*modscharad*	مجرد
leer	*khâli*	خالی
legen	*gozâschtan <gozâr>*	گذاشتن <گذار>
Lehm/Schlamm	*gel*	گل
Lehmkrug	*kôza*	کوزه
Lehrbuch	*ketâb-e darsi*	کتاب درسی
Lehrer	*mo'allem*	معلم
Lehrerberuf	*mo'allemi*	معلمی
leicht	*sobok*	سبک
Leid	*randsch/zahmat*	رنج/زحمت
leider	*mota'sefâna*	متأسفانه

leise	*âhesta*	آهسته
Leiter	*âmer/rahbar*	آمر/رهبر
lernen	*âmôkhtan <âmôz>*	آموختن <آموز>
lesen	*khândan <khân>*	خواندن <خوان>
letzte	*âkherin*	آخرین
Leute	*mardom/khalq*	مردم/خلق
Liberaler	*âzâdikhâh*	آزادیخواه
Licht	*tscherâgh/nur/ rôschani*	چراغ/نور/ روشنی
Lichtbild	*aks*	عکس
Lidschatten	*sâja-je tscheschm*	سایهٔ چشم
lieb/freundlich	*mehrabân/mahbub*	مهربان/محبوب
Liebe	*eschq/mohabat*	عشق/محبت
lieben	*dôst dâschtan*	دوست داشتن
liebenswürdig	*dôst dâschtani*	دوست داشتنی
Liebling	*aziz/mahbub*	عزیز/محبوب
Lied	*bait/naghma/sorud*	بیت/نغمه/سرود
lila	*benafsch*	بنفش
Linie	*khat/satr*	سطر
links	*tschap*	چپ
Lippe	*lab*	لب
listig	*mozâhem*	مزاحم

Liter / halber Liter / Viertelliter	*litar /* *nim litar /* *jak bar tschahâr litar*	لیتر / نیم لیتر / یک بر چهار لیتر
literarisch	*adabi*	ادبی
Literatur	*adabjât*	ادبیات
Löffel	*qâschoq*	قاشق
Loge	*lôjg/dschelau*	لوژ/جلو
Lösung	*hal*	حل
Löwe	*schêr*	شیر
Luft	*hawâ*	هوا
Luftzug	*dschirjân-e hawâ*	جریان هوا
Lüge	*dorôgh*	دروغ
lügen	*dorôgh goftan*	دروغ گفتن
Lungenentzündung	*sina baghal*	سینه بغل
Lust	*schauq*	شوق
lustig	*khôsch âjand*	خوش آیند
machen	*kardan <kon>*	کردن <کن>
Macht	*qodrat*	قدرت
Mädchen	*dokhtar*	دختر
mädchenhaft	*dokhtarâna*	دخترانه
Magen	*me'da*	معده
Magengeschwür	*eltehâb-e me'da*	التهاب معده
Magentabletten	*dawâi-je me'da*	دوائی معده
Mais	*dschawâri*	جواری

mal	*bâr/dafa/martaba*	بار/دفعه/مرتبه
malen	*naqâschi/rasâmi kardan*	نقاشی/ رسامی کردن
Maler	*naqâsch/rasâm*	نقاش/رسام
Malerei	*naqâschi/rasâmi*	نقاشی/رسامی
manchmal	*ba'zê waqt*	بعضی وقت
Mandarine	*kinô*	کینو
Mandeln	*bâdâm*	بادام
Mann	*mard/schauhar*	مرد/شوهر
männlich	*mardâna*	مردانه
männliches Tier	*nar*	نر
Mantel	*bâlâpôsch/pâltu*	بالاپوش/پالتو
Markt	*bâzâr*	بازار
Marmelade	*morabâ*	مربا
Maschinenpistole	*tofang*	تفنگ
Maß	*andâza*	اندازه
Massage	*mâsâjh*	ماساژ
Material	*mawâd*	مواد
Matratze	*dôschak (tôschak)*	دوشک (توشک)
Mauer	*diwâr*	دیوار
Medikament	*dawâ/dâru*	دوا/دارو
Medizin	*teb*	طب
Meer	*bahr/darjâ*	بحر/دریا
Mehl	*ârd*	آرد

mehr	*bêschtar/zejâdtar/ digar*	بیشتر/زیادتر/ دیگر
Mehrheit	*aksarjat*	اکثریت
Meinung	*nazar/aqida*	نظر/عقیده
meistens	*aksaran*	اکثراً
Melone	*kharbuza*	خربوزه
Menge	*meqdâr/andâza*	مقدار/اندازه
Mensch	*âdam/ensân*	آدم/انسان
Mentalität	*âdat/ rasm-ô-rawâdsch*	عادت/ رسم و رواج
Messe	*nomajeschgâh*	نمایشگاه
Messer	*kârd/tschâqu*	کارد/چاقو
Metall	*felez*	فلز
Meter	*meter*	متر
Metzger	*qasâb*	قصاب
Metzgerei	*qasâbi*	قصابی
Miete	*kerâja*	کرایه
Milch	*schir*	شیر
mild	*molâjem*	ملایم
Militär	*askari*	عسکری
Minderheit	*aqaljat*	اقلیت
Mineralwasser	*âb-e ma'dani*	آب معدنی
Minister	*wazir – wozarâ*	وزیر - وزرا
Ministerium	*wezârat*	وزارت

Ministerpräsident	*sadr-e azam*	صدرعظم
Minuten	*daqiqa*	دقیقه
Missverständnis	*sôh-e tafâhom/ ghalat fahmi*	سؤ تفاهم / غلط فهمی
mit	*bâ*	با
Mitleid	*hamdardi*	همدردی
Mittag	*zohr/pischin/ tschâscht*	ظهر/پیشین/ چاشت
Mittagessen	*ghezâ-je tschâscht / nân-e tschâscht / nahâr*	غذائی چاشت / نان چاشت / نهار
Mittel	*wasila*	وسیله
mitten	*wasat*	وسط
Mittwoch	*tschahâr-schambe*	چهارشنبه
mögen	*dôst dâschtan*	دوست داشتن
möglich	*momken*	ممکن
Möglichkeiten	*emkânât*	امکانات
Monat	*mâh*	ماه
monatlich	*mâhâna*	ماهانه
Mond	*mâh*	ماه
Montag	*du-schambe*	دوشنبه
morgen	*sob(h)/fardâ*	صبح / فردا
Morgen	*sob(h)*	صبح

morgens	*sobhâna / har rôz sob(h)*	صبحانه / هرروزصبح
Moschee	*masdsched*	مسجد
Motorboot	*qâjeq*	قایق
Motorrad	*môtar sâikel*	موترسایکل
müde	*mânda/khasta*	مانده/خسته
Müdigkeit	*khastagi*	خستگی
Mühe	*zahmat*	زحمت
Müll	*âschghâl*	آشغال
multiplizieren	*zarb kardan*	ضرب کردن
Mund	*dahan/dahân*	دهن/دهان
mündlich	*schafâji/taqriri*	شفاهی/تقریری
Münze	*qerân*	قران
Museum	*môzjam*	موزیم
Musik	*môsiqi*	موسیقی
Musiker	*nawâzenda*	نوازنده
Muskel(n)	*azala – azalât*	عضله - عضلات
müssen	*bâistan <bâjad>*	بایستن<باید>
mutig	*bâ dschor'at*	با جرأت
Mutter	*mâdar*	مادر
Mütze	*kolâh*	کلاه
nach	*ba'd az*	بعد از
nach links	*tarafe tschap*	طرف چپ
Nachbar	*hamsâja*	همسایه

nachdem	*ba'd az ânke*	بعد از آنکه
Nachfolger	*dschâneschin*	جانشين
Nachmittag	*ba'd az zohr / digar*	بعد از ظهر/ ديگر
Nachricht(en)	*khabar – akhbâr*	خبر - اخبار
Nacht	*schab*	شب
Nachteil	*zarar*	ضرر
nackt	*berahna/lokht*	برهنه/لخت
Nagel	*nâkhon/mikh*	ناخن/ ميخ
Nagelfeile	*sowâhn-e nakhon*	سوهان ناخن
Nagellack	*rang-e nâkhon*	رنگ ناخن
nahe	*nazdik*	نزديک
Nähe	*hamsâjagi*	همسايگی
nähen	*dôkhtan <dôz>*	دوختن <دوز>
Nähgarn	*târ*	تار
Nähnadel	*sôzan*	سوزن
Nahrung	*khôrâk*	خوراک
Name	*nâm/esm*	نام/اسم
Nase	*bini*	بينی
nass	*tar*	تر
Nation(en)	*melat – melal*	ملت - ملل
Nationalfeiertag	*dschaschn-e meli*	جشن ملی
Nationalität	*meljat*	مليت
Natur	*tabe'jat*	طبعيت
natürlich	*tabi'je/tab'an*	طبعيی/طبعاً

Nebel	*damah/ghobâr*	دمه/غبار
neben	*pahlu/kenâr*	پهلو/کنار
neblig	*abrâlud*	ابرآلود
Neffe	*batscha-je* *khâhar / barâder*	بچهٔ خواهر/ برادر
nehmen	*gereftan <gir>*	گرفتن <گیر>
Neid	*hasâdat*	حسادت
neidisch	*hasud*	حسود
neigen zu / geneigt sein	*mâjel budan*	مایل بودن
Neigung/Wunsch	*majl*	میل
nein	*na/khair/nakhair*	نه/خیر/نخیر
nennen	*nâmidan <nâm>*	نامیدن <نام>
Nerv	*a'sab*	عصب
Nervenarzt	*dâktar-e a'sâb*	داکتر اعصاب
nett	*khub*	خوب
Netz	*tôr*	تور
neu	*nau/dschadid*	نو/جدید
neugierig	*kondschkâu*	کنجکاو
Neujahr	*sâl-e nau/naurôz*	سال نو/نو روز
Nichte	*dokhtar-e* *barâder / khâhar*	دختر برادر/ خواهر
nichts	*hêtsch tschiz*	هیچ چیز
nie/niemals	*hêtsch waqt /* *hargez*	هیچوقت / هرگز

niedrig	*past*	پست
niedriger Blutdruck	*feschâr-e khun-e pâjin*	فشار خون پائین
niemals	*abadan*	ابداً
niemand	*hêtschkas*	هیچکس
Niere	*gorda/kolja*	گرده/کلیه
nirgends	*hêtsch dschâ*	هیچ جا
noch	*hanôz*	هنوز
noch einmal	*dubâra*	دوباره
Norden	*schamâl*	شمال
Nordosten	*schamâl scharq*	شمال شرق
Nordwesten	*schamâl gharb*	شمال غرب
Notarzt	*dâktar-e âdschel*	داکتر عاجل
Note	*nomra*	نمره
Notfall	*ezterâri*	اضطراری
nötig	*lâzem*	لازم
Null	*sefr*	صفر
Nummer	*nomra/schomâra*	نمره/شماره
nur	*faqat/serf/tanhâ*	فقط/صرف/تنها
nützlich	*fâida*	فایده
ob	*âjâ*	آیا
oben	*bâlâ*	بالا
Oberfläche	*sathi*	سطحی
Oberschenkel	*rân*	ران

obgleich/obwohl	*agar tschi /* *bâ ânke*	اگرچه / باآنکه
Obst	*mêwa*	میوه
oder	*jâ*	یا
Ofen	*bokhâri*	بخاری
offiziell	*rasmi*	رسمی
Offizier	*askar /* *sâheb mansab*	عسکر / صاحب منصب
öffnen	*bâz kardan*	باز کردن
Öffnungszeiten	*auqât-e molâqât*	اوقات ملاقات
oft	*aksaran*	اکثراً
ohne	*bedune/bi*	بدون/بی
ohnmächtig werden	*za'f kardan*	ضعف کردن
Ohr	*gôsch*	گوش
Ohrentropfen	*qatratschakân-e gôsch*	قطرچکان گوش
Ohrringe	*gôschwâra /* *zir gôschi*	گوشواره / زیرگوشی
okay/ist gut	*khub/bâscha/khô*	خوب/باشه/خو
Öl	*roghan*	روغن
Oliven	*zaitun*	زیتون
oliv (Farbe)	*zaituni*	زیتونی
Onkel	*kâkâ/amu*	کاکا/عمو
Operation	*amaljât*	عملیات
Opfer	*qorbâni*	قربانی

Opferfest	*eide qorbân*	عیدقربان
opfern sich	*fedâ schodan*	فدا شدن
Optimismus	*khôsch bin*	خوش‌بین
orange	*nârendschi*	نارنجی
Orange/Zitrone	*nârendsch*	نارنج
Orangen	*mâlta*	مالته
ordnen	*tartib kardan*	ترتیب کردن
Ordnung	*nazm/tartib*	نظم/ترتیب
Ordnung bringen in	*dorost/monazam kardan*	درست/منظم کردن
Ort	*dschâ/mahal*	جا/محل
Ortschaft	*qarja*	قریه
Osten	*scharq*	شرق
Österreicher	*otrischi*	اطریشی
östlich	*scharqi*	شرقی
Ozean	*oqjânus*	اقیانوس
Paar	*zaudsch/dschôra/ dschoft*	زوج/جوره/ جفت
paarweise	*dschoft dschoft*	جفت جفت
Päckchen	*basta-je kôtschak / quti-je (kâghazi)*	بستهٔ کوچک / قوطی (کاغذی)
packen	*basta bandi kardan*	بسته بندی کردن
Pakistaner	*pâkestâni*	پاکستانی

Palast	*qasr*	قصر
Papier	*kâghaz*	کاغذ
Papierherstellung	*kâghaz sâzi*	کاغذ سازی
Papst	*pâp*	پاپ
Parfüm	*atter*	عطر
Parfümverkäufer	*attâr*	عطار
Park	*pârk*	پارک
Partei(en)	*hezb – ahzâb*	حزب - احزاب
Pass	*pâspôrt/* *gozarnâma/* *schenâsnâma*	پاسپورت / گذرنامه / شناسنامه
Passagier	*mosâfer*	مسافر
Passant	*âber / pejâda rau*	عابر/پیاده رو
passieren	*paimudan <paimâ>*	پیمودن <پیما>
Patriot	*watan parast*	وطن پرست
Pause	*tafrih*	تفریح
Pech	*bad schâns /* *bad tâle'*	بدشانس / بد طالع
peinlich	*khedschâlat âwar /* *scharm âwar*	خجالت آور / شرم آور
Pelz	*pôst*	پوست
Pelzmantel	*bâlâpôsch-e pôst*	بالاپوش پوست
per Post	*tawasot-e post*	توسط پست
Perle	*morwârid*	مروارید

Persisch	*fârsi*	فارسی
Person	*nafar/schakhs*	نفر/شخص
Personal	*kârkonân*	کارکنان
Personalausweis	*tazkera*	تذکره
Persönlichkeit	*schakhsijat*	شخصیت
Pessimismus	*bad bini*	بدبینی
pessimistisch	*bad bin*	بدبین
Pfad	*râh*	راه
Pfarrer	*kaschisch*	کشیش
Pfau	*tâwus*	طاووس
Pfeffer	*mortsch-e sejâh*	مرچ سیاه
Pferd	*asp*	اسپ/اسب
Pfirsich	*schaftâlu*	شفتالو
Pflanze (n)	*nabât – nabâtât / gijâh*	نبات - نباتات/ گیاه
Pflaster	*palastar*	پلستر
Pflaume	*gordâlu/âlu*	گردآلو/آلو
Pflicht	*wazifa*	وظیفه
pflücken	*tschidan <tschin>*	چیدن< چین >
Pfote	*pâ(i)/pandschâl*	پا(ی)/پنجال
pikant	*khôschmaza*	خوشمزه
Pilger	*hâdschi*	حاجی
Pilgerfahrt	*hadsch*	حج
Pistole	*tofangtscha*	تفنگچه

PKW	*môtar*	موتر
Planer	*tarrâh*	طراح
Platz	*dschâ(i)/makân*	جا(ی)/مکان
plötzlich	*daf'atan*	دفعتاً
Plural/Plus	*dscham'*	جمع
politisch	*sijâsi*	سیاسی
Polizei	*pôlis*	پولیس
Polizeichef	*qômandân-e pôlis*	قوماندان پولیس
populär	*mahbub*	محبوب
Portion	*khôrâk*	خوراک
Porzellan	*tschini*	چینی
positiv	*mosbat*	مثبت
Postamt/Post	*postakhâna/post*	پستخانه/پست
Präsident	*rajis/rajis-e dschamur*	رئیس / رئیس جمهور
Predigt	*pand/andarz*	پند/اندرز
Preis	*qimat*	قیمت
Presse	*âjhâns-e khabari*	آژانس خبری
privat	*schakhsi*	شخصی
Problem	*porâblem*	پرابلم
produzieren	*taulid kardan*	تولید کردن
Projekt	*tarh*	طرح
Prophet	*paighambar*	پیغمبر
Provinz(en)	*ijâlat – ijâlât*	ایالت - ایالات

Prozess	*da'wâ*	دعوی
prüfen	*emtehân kardan*	امتحان کردن
Prüfung(en)	*emtehân – emtehânât*	امتحان - امتحانات
Publikum	*mardom*	مردم
Publizist/Verleger/ Herausgeber	*nâscher*	ناشر
Punkt	*noqta/nokta*	نقطه/نکته
Puppe	*godi*	گدی
putzen	*pâk kardan*	پاک کردن
Putzfrau	*khadama/mazdur*	خدمه/مزدور
Quadrat	*morabba'*	مربع
Qualität	*kaifjat*	کیفیت
Quelle	*tscheschma*	چشمه
quer	*kadsch/monharef*	کج/منحرف
Quittung	*rasid/bel*	رسید/بل
Rad	*bâjsekel/ dutscharkha*	بایسکل / دوچرخه
Radio	*râdio*	رادیو
Rahmen	*qâb*	قاب
Rasierapparat	*tigh-e / mâschin-e risch*	تیغ / ماشین ریش
Rätsel	*tschistân*	چیستان
Rauch	*dud*	دود
Raum	*fâsela/fazâ*	فاصله/فضاء

Realschule	*maktab-e motawaseta*	مکتب متوسطه
rechnen	*hesâb kardan*	حساب کردن
Rechnung	*rasid / bel / surat-e hesâb*	رسید/بل / صورتحساب
Recht(e)	*haq – hôquq*	حق - حقوق
rechts	*râst*	راست
Rechtsanwalt	*wakile modâfe'*	وکیل‌مدافع
rechtzeitig	*ba mauqe'*	به موقع
Rede(n)	*bajân – bajânât/ notq/sokhanrâni*	بیان - بیانات / نطق/سخنرانی
Redner	*gôjenda/natâq/ sokhangô*	گوینده/نطاق/ سخنگو
Regal	*qafasa/tâq*	قفسه/طاق
Regel	*qâeda*	قاعده
regelmäßig	*monazam/ moratab*	منظم/ مرتب
Regen	*bârân*	باران
Regenschirm	*tschatri/tschatr*	چتری/چتر
Regierung	*daulat/hokumat*	دولت/حکومت
Region	*mantaqa*	منطقه
Register	*sabt*	ثبت
reich	*sorwatmand/ puldâr*	ثروتمند/ پولدار
reichlich	*kâfi*	کافی

Reichtum	*sorwat/dârâji*	ثروت/دارائی
Reihe	*saf/qatâr*	صف/قطار
Reinigung	*khoschka schuji*	خشکه شوئی
Reis	*berendsch*	برنج
Reise	*safar*	سفر
Reiseführer	*rahnomâ-je safar*	رهنمای سفر
reisen	*mosâferat kardan*	مسافرت کردن
Reiseschecks	*tschek-e safari*	چک سفری
Reiseziel	*maqsad/hadaf*	مقصد/هدف
Reißverschluss	*zandschir*	زنجیر
reklamieren	*schekâjat kardan*	شکایت کردن
Religion	*mazhab/din*	مذهب/دین
religiös	*mazhabi*	مذهبی
rennen	*dawidan <dau>*	دویدن <دو>
renovieren	*eslâh kardan*	اصلاح کردن
reparieren	*tarmim/ta'mir kardan*	ترمیم/تعمیر کردن
Republik	*dschamhuri*	جمهوری
Rest	*baqja*	بقیه
Restaurant	*rastôrân*	رستوران
Resultat	*natidscha*	نتیجه
retten	*nedschât dâdan*	نجات دادن
Rezept	*noskha*	نسخه
Rhabarber	*rawâsch*	رواش

Richter	*qâzi*	قاضی
richtig	*dorost/râst*	درست/راست
Richtung	*samt/dschehat*	سمت/جهت
riechen	*bujidan <bui>*	بوئیدن<بوی>
Rind	*gâw*	گاو
Ring	*angoschtar*	انگشتر
ringsum	*daur*	دور
Risiko	*risk*	ریسک
riskant	*khatarnâk*	خطرناک
Rock	*dâman*	دامن
rosa	*golâbi/surati*	گلابی/صورتی
Rose	*gol-e golâb*	گل گلاب
rot	*sorkh/qermez*	سرخ/قرمز
Route	*khat-e sair*	خط سیر
Rübe	*schalgham*	شلغم
Rücken	*poscht*	پشت
Rücklicht	*tscherâgh-e aqab*	چراغ عقب
Rücksicht	*marâ'at*	مراعت
Rückspiegel	*âina-je aqabi*	آینۀ عقبی
rufen	*sadâ kardan*	صدا کردن
Ruhe	*ârâmesch*	آرامش
ruhig	*ârâm*	آرام
Ruhm	*nâm/neschân/ schohrat*	نام/نشان/ شهرت

Ruine	*kharâba*	خرابه
rund	*gerd/modawer*	گرد/مدور
rutschen	*laghzidan <laghz>*	لغزیدن <لغز>
Saal	*otâq-e kalân/sâlun*	اطاق کلان/سالون
Sache	*tschiz*	چیز
Sack	*budschi/dschowâl*	بوجی/جوال
säen	*zar' kardan*	زرع کردن
Saft	*âb-e mêwa /* *scharbat*	آب‌میوه / شربت
saftig	*âbdâr*	آبدار
Säge	*ara*	اره
sagen	*goftan <gô(i)>/* *farmudan* *<farmâ>*	گفتن <گو(ی)> / فرمودن <فرما>
Salat	*salâta*	سلاته
Salz	*namak*	نمک
sammeln	*dscham' kardan*	جمع کردن
Samstag	*schambe*	شنبه
Sand	*rêg*	ریگ
sanft	*molâêm*	ملایم
Sänger	*khânenda*	خواننده
satt	*sêr*	سیر
Satz	*dschomla*	جمله
sauber	*pâk*	پاک
sauber machen	*pâk kardan*	پاک کردن

sauer	*torsch*	ترش
schade	*afsôs*	افسوس
schaden	*zarar dâschtan*	ضرر داشتن
Schaden	*noqs/zarar/ khesârat*	نقص/ضرر/ خسارت
Schaden erleiden	*zarar kardan*	ضرر کردن
schämen sich	*scharmidan <scharm>/ khedschâlat kaschidan*	شرمیدن <شرم> / خجالت کشیدن
Schaf	*gôsfand*	گوسفند
schaffen	*idschâd kardan*	ایجاد کردن
Schaffner	*negarân-e sarwis*	نگران سرویس
Schaffung	*idschad*	ایجاد
Schal	*schâl*	شال
Schalter	*ghorfa*	غرفه
Schande	*aib*	عیب
scharf	*tond/têz*	تند/تیز
Schatten	*sâja*	سایه
Schaukel	*tâb/gâz*	تاب/گاز
Schauspieler	*honar pêscha / setâra-je sinomâ*	هنرپیشه / ستارهٔسینما
Scheibe	*qâtsch/qâsch*	قاچ/قاش
schenken	*bakhschidan <bakhsch>*	بخشیدن <بخش>

Schere	*qaitschi*	قیچی
Scherz	*schukhi/mazâh/* *khôschtab'i*	شوخی/مزاح/ خوش طبعی
Schicksal	*taqdir*	تقدیر
Schiedsrichter	*hâkem/nefri*	حاکم/نفری
schief	*kadsch*	کج
schießen	*fair kardan*	فیر کردن
Schiff	*keschti*	کشتی
schimpfen	*dau zadan /* *doschnâm dâdan*	دو زدن / دشنام دادن
Schlaf	*khâb*	خواب
schlafen	*khâbidan <khâb> /* *khâb kardan*	خوابیدن / خواب کردن
Schlafzimmer	*otâq-e khâb*	اطاق خواب
schlagen	*zadan <zan>*	زدن <زن>
Schlamm/Lehm	*gel*	گل
schlank	*lâghar*	لاغر
schlecht	*bad*	بد
Schleier	*tschâdar/hedschâb*	چادر/حجاب
schließen	*bastan <band>*	بستن <بند>
Schloss	*qasr/qofl*	قصر/ قفل
Schlosser	*bastakâr/qofl sâz*	بسته کار/قفل ساز
schlucken	*bal'idan <bal'> /* *ghôrt kardan*	بلعیدن <بلع> / غورت کردن

Schlüssel	*kelid*	کلید
schmackhaft	*khôschmaza*	خوشمزه
schmal	*bârik*	باریک
Schmerz	*dard*	درد
Schmerz erdulden	*azâb kaschidan*	عذاب کشیدن
Schmuck	*dschawâher –* *dschawâherât*	جواهر - جواهرات
schmutzig	*kasif/tscherk*	کثیف/چرک
Schnabel	*nôl/nuk*	نول/نوک
Schnee	*barf*	برف
schneiden	*boridan <bor>*	بریدن < بر >
Schneider	*khajât*	خیاط
schnell	*zud/tond/têz*	زود/تند/تیز
Schnuller	*tschôschak*	چوشک
Schnur	*band/nakh*	بند/نخ
Schnurrbart	*brut*	بروت
Schokolade	*tschâklit*	چاکلیت
schön	*maqbul/* *qaschang/zêbâ*	مقبول/ قشنگ/زیبا
Schönheit	*maqbuli/zibâji*	مقبولی/زیبائی
Schöpfung	*âfarinesch*	آفرینش
schräg	*kadsch/sar schib*	کج/سرشیب
Schrank	*almâri*	الماری
Schrei	*farjâd*	فریاد

schreiben	*neweschtan* *<newis> /* *neweschta kardan*	نوشتن <نویس> / نوشته کردن
schreien	*farjâd kardan /* *dâd zadan*	فریادکردن / داد زدن
Schreiner	*nadschâr*	نجار
schriftlich	*tahriri*	تحریری
Schriftsteller	*nawisenda*	نویسنده
schüchtern	*bê dschor'at*	بی جرأت
Schuhe	*but/kafsch*	بوت/کفش
Schuld	*dschorm/qarz*	جرم/قرض
Schulden machen	*qarz greftan*	قرض گرفتن
schuldig	*moqaser*	مقصر
Schule	*maktab – makâteb /* *madrasa – madâres*	مکتب - مکاتب / مدرسه - مدارس
Schüler	*schâgerd /* *dânesch âmôz*	شاگرد / دانش آموز
Schulter	*schâna/dôsch*	شانه/دوش
Schüssel	*kâsa*	کاسه
Schuster	*butdôz*	بوتدوز
schütteln	*takân dâdan <deh>*	تکان دادن <ده>
Schutz	*panâh*	پناه
schützen	*panâh dâdan*	پناه دادن
schwach	*nâ tawân/za'if*	ناتوان/ضعیف

Schwamm	*esfandsch/abra*	اسفنج/ابره
schwanger	*hâmela dâr*	حامله دار
schwarz	*sijâh*	سیاه
Schwarze Tafel	*takhta-je sijâh*	تختهٔ سیاه
Schweigen	*khâmôschi*	خاموشی
Schwein	*khôk*	خوک
Schweiz	*swis*	سویس
Schweizer	*swisi*	سویسی
Schwester	*khâhar*	خواهر
schwierig	*moschkel*	مشکل
Schwierigkeit	*moschkelât*	مشکلات
Schwimmbad	*hauz-e âbbâzi*	حوض آببازی
schwimmen	*âbbâzi kardan / schenâ kardan*	آببازی کردن / شنا کردن
schwören	*qasam khôrdan*	قسم خوردن
See	*bahirah*	بحیره
Seele(n)	*ruh – arwâh*	روح - ارواح
sehen	*didan <bin>*	دیدن <بین>
sehr viel	*besjâr zejâd*	بسیار زیاد
Seide	*abrischom*	ابریشم
Seife	*sâbun*	صابون
Seil	*rismân/tanâb*	ریسمان/طناب
sein	*budan <bâsch>*	بودن <باش>
seit	*az waqte ke*	از وقتیکه

Seite	*pahlu/ dschehat/kenâr*	پهلو/ جهت/کنار
Sekretär	*monschi/dabir/ sakartar*	منشی/دبیر/ سکرتر
Sekretariat	*sakartarjat/edâra dârolenschâ*	سکرتریت/اداره دارالانشا
Sekunde	*sânja*	ثانیه
selbst	*khôd/khêsch*	خود/خویش
Selbstständigkeit	*mostaqel/esteqlâl*	مستقل/استقلال
Seligkeit	*hazz – hozzuz*	حظ - حظوظ
selten	*ba nodrat*	به ندرت
senden	*ferestâdan <ferest>*	فرستادن <فرست>
Sense	*dâs*	داس
Serviette	*dastmâl-e sofra*	دستمال سفره
seufzen	*âh kaschidan*	آه کشیدن
sicher	*jaqinan/jaqin*	یقیناً/یقین
sicher sein	*motmaên budan*	مطمین بودن
Sicherheit	*amn*	امن
Sicherheitsnadel	*pen*	پن
sie	*ânhâ/ischân/u*	آنها/ایشان/او
Sieg	*kâmjâbi/mowafaqjat*	کامیابی/موفقیت
siegen	*kâmjâb schodan / mowafaq schodan*	کامیاب شدن / موفق شدن

Signal/Zeichen	*alâmat*	علامت
Silber	*noqra*	نقره
silbern	*noqraji*	نقرئی
singen	*bait / âwâz* *khândan*	بیت/آواز خواندن
Singular	*mofrad*	مفرد
Sinn(e)	*hes – ehsâs /* *ma'nâ*	حس - احساس / معنی
sinnlos	*bê ma'nâ*	بی معنی
sitzen	*neschastan* *<neschin>*	نشستن <نشین>
Skulptur	*modschasema*	مجسمه
so	*tschonânke/* *tschonântschi*	چنانکه / چنانچه
so schnell wie möglich	*har tschi zudtar /* *ba zudtarin forsat*	هرچه زودتر / به زودترین فرصت
sobald	*haminke*	همینکه
Socken	*dschôrâb (dscherâb)*	جوراب (جراب)
Sofa	*kautsch /* *ârâm tschauki*	کوچ/ آرام چوکی
sofort	*fauran*	فوراً
sogar	*hattâ*	حتی
Sohn/Junge	*pesar/batscha*	پسر/بچه

Soldat	*askar / sarbâz / sâheb mansab*	عسکر/سرباز/ صاحب منصب
Solidarität	*hamdardi*	همدردی
sollen	*bâistan <bâjad>*	بایستن <باید>
Sommer	*tâbestân*	تابستان
sondern	*balke*	بلکه
Sonne/sonnig	*âftâb/âftâbi*	آفتاب/آفتابی
Sonnenaufgang	*maschreq*	مشرق
Sonnenbrand	*âftâb sôkhtagi*	آفتاب سوختگی
Sonnenuntergang	*maghreb/ghrub*	مغرب/غروب
sonnig	*âftâbi*	آفتابی
Sonntag	*jek-schambe*	یکشنبه
Sorge	*gham*	غم
Sorgfalt	*negahdâri*	نگهداری
Sorte	*qesm/nau'*	قسم/نوع
sowie	*tschonânke/ tschonântschi*	چنانکه / چنانچه
sowohl ... als auch	*ham ... ham / khâh ... khâh*	هم ... هم / خواه ... خواه
sparen	*sarfa dschuji kardan*	صرفه جویی کردن
spät	*nâwaqt*	ناوقت
später	*nâwaqtar/ba'dan*	ناوقتر/بعداً
spazieren gehen	*gaschtan <gard>/ gardesch raftan*	گشتن <گرد> / گردش رفتن

Spazierstock	*tschôb-e dast*	چوب دست
Speisekarte	*minô-je ghezâ*	مینوی غذا
Speisesaal	*sâlun-e ghezâ khôri*	سالون غذا خوری
Spezialist	*motakhases*	متخصص
Spiegel	*âjina*	آئینه
Spiel	*bâzi*	بازی
spielen	*bâzi kardan*	بازی کردن
Spielhalle	*sâlun-e bâzi*	سالون بازی
Spinat	*sabzi*	سبزی
Spion	*dschâsus*	جاسوس
spionieren	*dschâsusi kardan*	جاسوی کردن
Sport	*warzesch/sepôrt*	ورزش/سپورت
Sport machen	*warzesch kardan*	ورزش کردن
Sprache	*zabân/lesân*	زبان/لسان
sprechen	*gap zadan /* *harf zadan*	گپ زدن/ حرف زدن
Sprichwort	*zarbolmasal*	ضرب المثل
springen	*dschastan /* *khiz zadan*	جستن/ خیز زدن
Spritze	*petschkâri/sôsan*	پیچکاری/سوزن
spritzen	*petschkâri kardan /* *sôsan zadan*	پیچکاری کردن / سوزن‌زدن
Staat	*doulat*	دولت
Staatsangehörigkeit	*miljat*	ملیت

Staatsanwalt-schaft(en)	*mahkama – mahâkem*	محکمه - محاکم
Staatsflagge	*bairaq-e meli*	بیرق ملی
stabil	*pâbardschâ/sâbet*	پابرجا/ثابت
Stadion	*estedium*	استدیوم
Stadt	*schahr*	شهر
Stadtmitte	*markaz-e schahr*	مرکزشهر
Stadtviertel	*nâhja/mahala*	ناحیه/محله
Stamm	*tana/rischa/qaum*	تنه/ریشه/قوم
ständig	*dâim/hamêscha*	دایم/همیشه
Star	*setâra-je sinoma*	ستارهٔ سینما
stark	*qawi*	قوی
Stärke	*tawânâji*	توانائی
stärken	*taqwejat kardan*	تقویت کردن
Start	*schrô‘*	شروع
starten	*schrô‘ kardan*	شروع کردن
Staub	*khâk*	خاک
Steckdose	*sâket-e barq*	ساکت برق
stehen	*istâdan <ist>*	ایستادن <ایست>
steif	*sakht*	سخت
steil	*sar schibi / sar pâjini*	سرشیبی / سرپائینی
Stein	*sang*	سنگ
Stellvertreter	*dschâneschin/wa-kil/mo‘in/mo‘âwen*	جانشین/وکیل / معین/معاون

Steppe	*dascht*	دشت
sterben	*mordan <mir> /* *faut kardan*	مردن <میر> / فوت کردن
Stern	*setâra*	ستاره
Steuer(n)	*mâlja – mâlijât*	مالیه - مالیات
Stiel	*sâqa*	ساقه
Stift	*qalam*	قلم
Stiftung	*mo'asesa*	مؤسسه
still sein	*khâmôsch budan*	خاموش بودن
Stimme	*sadâ/âwâz*	صدا/آواز
Stipendium	*bôrs*	بورس
Stirn	*peschâni*	پیشانی
Stock/Etage	*tabaqa/manzel*	طبقه/منزل
Stoff	*teka*	تکه
Stolz	*maghrur/ghorur*	مغرور/غرور
stören	*ekhlâl kardan /* *azjat kardan /* *mozâhemat kardan*	اخلال کردن / اذیت کردن / مزاحمت کردن
Strafe	*dschorm*	جرم
Strand	*sâhel*	ساحل
Straße	*sarak/dschâda/* *khijâbân*	سرک/جاده/ خیابان
Streik	*e'tesâb*	اعتصاب
streiken	*e'tesâb kardan*	اعتصاب کردن

streiten	dschangidan <dschang>	جنگیدن <جنگ>
Streitkräfte	*nirôhâ-je mosallah*	نیروهای مسلح
Strom	*barq*	برق
Strömung(en)	*maudsch – amwâdsch*	موج - امواج
Stück	*dâna/tâ/adad*	دانه/تا/عدد
Student	*mohasel/ dâneschdschô*	محصل / دانشجو
Studienjahr	*sâl-e ta'limi/ sâl-e tahsili*	سال تعلیمی / سال تحصیلی
studieren	*tahsil kardan*	تحصیل کردن
Stufe	*tabaqa/pela*	طبقه/پله
Stuhl	*tschauki/korsi*	چوکی/کرسی
Stunde/Uhr	*sâ'at*	ساعت
stündlich	*har sâ'at*	هرساعت
Sturm	*tufân*	طوفان
subtrahieren	*tafriq kardan*	تفریق کردن
suchen	*dschostan <dschui> / pâlidan <pâl>*	جستن <جوی> / پالیدن <پال>
Süden	*dschonub*	جنوب
Südosten	*dschonub scharq*	جنوب شرق
Südwesten	*dschonub gharb*	جنوب غرب
Sünde	*gonâh*	گناه
Suppe	*schôrbâ*	شوربا

süß	*schirin*	شیرین
Süßigkeit	*schirni*	شیرنی
Swimmingpool	*hauz-e âbbâzi*	حوض آببازی
Tabak	*tanbâku*	تنباکو
Tablette	*guli/tâblet*	گولی/تابلیت
Tag	*rôz*	روز
täglich	*rôzâna/har rôz*	روزانه/هرروز
tagtäglich	*rôz ba rôz*	روز بروز
Tagung	*dschalsa*	جلسه
Taifun/Sturm	*tufân*	طوفان
Tal	*darra*	دره
Talent	*este'dâd*	استعداد
Tankstelle	*tânk-e têl*	تانک تیل
Tante	*khâla/ama*	خاله / عمه
Tanz	*raqs*	رقص
tanzen	*raqsidan <raqs>*	رقصیدن <رقص>
Tänzerin	*raqâsa*	رقاصه
tapfer	*delâwar/schodschâ'*	دلاور/شجاع
Tapferkeit	*delâwari/ schodschâ'at*	دلاوری / شجاعت
Tasche	*dschêb*	جیب
Taschenbuch	*ketâb-e dschêbi*	کتاب جیبی
Taschenlampe	*tscherâgh-e dasti/dschêbi*	چراغ دستی/جیبی

Tasse	*pjâla*	پیاله
Tätigkeit	*fa'âlijat*	فعالیت
Tatsache	*wâqe'jat*	واقعیت
taub	*kar*	کر
Taube	*kaftar/kabutar*	کفتر/کبوتر
tauen/schmelzen	*âb schodan*	آب‌شدن
tausend	*hazâr*	هزار
Taxi	*taksi*	تکسی
technisch	*takhniki*	تخنیکی
Tee	*tschâi*	چای
Tee kochen	*tschâi dam kardan*	چای دم کردن
Teer	*qir*	قیر
Teig	*khamir*	خمیر
Teil	*qesmat/bakhsch*	قسمت/بخش
teilen	*taqsim kardan*	تقسیم کردن
Teilhaber	*bahramand*	بهره مند
Telefon	*telefon/telefôn*	تلفن/تیلفون
Telefongebühr	*bel-e telefon*	بل تلفن
Telefongespräch	*sohbat-e telefoni*	صحبت تلفنی
telefonieren	*telefon kardan / zang zadan*	تلفن کردن/ زنگ‌زدن
telefonisch	*telefoni*	تلفنی
Telefonnummer	*nomra-je telefon*	نمرهٔ تلفن
Telefonzentrale	*markaz-e telefon*	مرکز تلفن

Telegramm	*telegerâm*	تلگرام
Teller	*beschqâb*	بشقاب
Temperatur	*daradscha-je harârat*	درجۀ حرارت
Teppich	*qâlin*	قالين
teuer	*gerân/qimat*	گران/قيمت
Teufel	*schaitân*	شيطان
Theater	*tajâtar/sahna*	تياتر/صحنه
Thron/Bett	*takht*	تخت
tief	*jherf/amiq/tschoqor*	ژرف/عميق/چقر
Tier(e)	*haiwân – haiwânât*	حيوان - حيوانات
Tinte	*rang-e qalam/ dschauhar*	رنگ قلم/جوهر
Tisch	*mêz*	ميز
Tischdecke	*dastarkhân/sofra*	دسترخوان/سفره
Tischler	*nadschâr*	نجار
Toast	*nân-e tôst*	نان توست
Tochter	*dokhtar*	دختر
Toiletten	*taschnâb/dast-schui/baitolkhalâ/ mostarâh*	تشناب /دستشوى بيت الخلا / مستراح
Toilettenpapier	*kâghaz-e taschnâb*	كاغذ تشناب
Tomate	*bâdendschân-e rumi*	بادنجان رومى
Tonne	*ton*	تن
Topf	*dêg*	ديگ

Tor	*dar/darwâza*	در/دروازه
töten	*koschtan <kosch>*	کشتن <کش>
Tourist	*turist*	توریست
Tracht	*lebâs-e mahali*	لباس محلی
Tradition	*rasm-ô-rawâdsch /* *an'anât*	رسم و رواج / عنعنات
tragen	*bordan <bar>*	بردن <بر>
Träger	*hamâl/bârbar/* *dschowâli*	حمال/باربر/ جوالی
Trauben	*angur*	انگور
Traum	*ârezô/khâb-ô-khjâl*	آرزو/خواب و خیال
traurig	*ghamgin*	غمگین
Treffpunkt	*dschâje molâqât*	جای ملاقات
Treppe/Stufe	*zina/pela*	زینه/پله
treu	*bâ wafâ*	با وفا
Tribut/Steuer	*bâdsch*	باج
trinken	*nôschidan <nôsch>*	نوشیدن <نوش >
Trinkgeld	*bakhschesch/en'âm*	بخشش/انعام
Trinkwasser	*âb-e âschâmidani*	آب آشامیدنی
trocken	*khoschk*	خشک
Tropfen	*qatra – qatarât*	قطره - قطرات
tropfen	*tschakidan <tschak>*	چکیدن <چک>
trotzdem	*bâwodschudêke*	باوجودیکه
Truppen	*laschkar*	لشکر

Truthahn	*filmorgh*	فیلمرغ
Tulpe	*gol-e lâla*	گل لاله
Tür	*dar/darwâza*	در/دروازه
Turban	*dastâr*	دستار
Turm	*bordsch*	برج
Tüte	*kharita/kisa*	خریطه/کیسه
Übelkeit	*estefrâgh/qai/ delbadi*	استفراغ/ قی/دلبدی
über	*dar bâra/bâlâ/ rui*	درباره/بالا / روی
überall	*harsu/taraf/dscha-hat*	هرسو/طرف / جهت
Überfall	*hodschum-e nâgâhâni*	هجوم ناگاهانی
überfüllt	*por*	پر
überlegen	*fekr kardan*	فکر کردن
übermorgen	*pasfardâ*	پسفردا
überprüfen	*emtehân kardan*	امتحان کردن
Überschrift	*enwân*	عنوان
überzeugen	*qâne' kardan / esbât namudan*	قانع کردن/ اثبات نمودن
übrig	*ezâfi*	اضافی
Übung	*tamrin*	تمرین
Ufer	*sâhel*	ساحل
Uhr	*sâ'at*	ساعت

Uhrmacher	*sâ'atsâz*	ساعتساز
um Hilfe rufen	*komak khâstan*	کمک خواستن
um ... zu	*tâ*	تا
umbringen sich	*khôd koschi kardan*	خودکشی کردن
Umfang/Volumen	*hodschm*	حجم
Umgebung	*atrâf*	اطراف
umleiten	*taghijr-e masir dâdan / monharef schodan*	تغییر مسیر دادن / منحرف شدن
Umleitung	*taghijr-e masir / rah-e enherâfi*	تغییرمسیر / راه انحرافی
Umschlag	*pâkat/pôschesch*	پاکت/پوشش
umsonst	*bêfâida*	بی فایده
umtauschen	*tabdil kardan*	تبدیل کردن
Umwelt	*mohit-e zist*	محیط زیست
umziehen	*kôtschkaschi / asbâb kaschi kardan*	کوچکشی / اسباب کشی کردن
unabhängig	*bêtaraf*	بیطرف
unbekannt	*bêgâna/nâschenâs*	بیگانه/ناشناس
und	*wa/ô*	و
Ungerechtigkeit	*bê adâlati*	بی عدالتی
Unglück	*badbakhti/mosibat*	بدبختی/مصیبت
unglücklicherweise	*badbakhtâna*	بدبختانه

Universität	*pôhantun/ dânêschgâh*	پوهنتون / دانشگاه
unruhig	*nârâm*	ناآرام
unten	*pâjin*	پائین
unter	*zir/taht*	زیر/تحت
unterbrechen	*qata‘ kardan*	قطع کردن
unterdrücken	*zolm kardan*	ظلم کردن
Unterdrücker	*zâlem/zôrgô*	ظالم/زورگو
Unterdrückung	*zolm/setam*	ظلم/ستم
Unterführung	*râh-e zirzamini*	راه زیر زمینی
Unterhemd	*zirperâhani*	زیر پیراهنی
Unterlag(en)	*sanad – asnâd*	سند - اسناد
Unterricht	*dars*	درس
Unterschenkel	*sâq*	ساق
Unterschied	*farq/ekhtelâf*	فرق/اختلاف
Unterschrift	*emzâ*	امضاء
untersuchen	*mo‘âjena kardan*	معاینه کردن
untreu	*bêwafâ*	بی وفا
unvermeidlich	*hatmi*	حتمی
unwissend	*nâdân/nâfahm*	نادان/نافهم
Urdu	*zabân-e urdu*	زبان اردو
Urin	*edrâr/schâsch*	ادرار/ شاش

Urlaub	*rokhsati/ta'tilât/ morakhasi*	رخصتی/تعطیلات/ مرخصی
Ursache	*elat/sabab*	علت/سبب
Urteil	*hokm/qazâwat*	حکم/قضاوت
urteilen	*qazâwat kardan*	قضاوت کردن
US-Dollar	*dâler*	دالر
Vase	*goldân*	گلدان
Vater	*padar/bâbâ/pâpâ*	پدر/بابا/پاپا
Vaterland	*watan*	وطن
väterlich	*padarâna*	پدرانه
verabreden sich	*wa'da dâdan*	وعده دادن
Verabredung	*wa'da/molâqât*	وعده/ ملاقات
verabschieden sich	*khodâ hafezi kardan*	خدا حافظی کردن
verändern sich	*taghijr dâdan*	تغییر دادن
Verantwortung	*mas'uljat*	مسؤلیت
Verb	*fe'l*	فعل
verbergen	*makhfi kardan*	مخفی کردن
verbieten	*mamnu' kardan*	ممنوع کردن
Verbindung	*ertebât*	ارتباط
verblühen	*pajhmorda schodan*	پژمرده شدن
Verblühen	*pajhmordagi*	پژمردگی
Verbrauch	*masraf*	مصرف

verbrauchen	*masraf / este‘mâl kardan*	مصرف / استعمال کردن
verbrechen	*dschenâjat kardan*	جنایت کردن
verbrennen (intr.)	*dar greftan <gir>*	درگرفتن <گیر>
verbrennen (tr.)	*sôzândan <suz>*	سوزاندن <سوز>
Verbrennung	*sôkhtagi*	سوختگی
verbringen	*separi kardan*	سپری کردن
Verdacht	*eschtebâh*	اشتباه
Verdienst	*darâmad*	درآمد
verehrt/geehrt	*mohtaram/gerâmi*	محترم/گرامی
Verein	*andschoman/ etehâdja*	انجمن / اتحادیه
Verführung	*nâz*	ناز
vergangen	*gozaschta*	گذشته
Vergangenheit	*zamân-e mâzi / zamân-e gozaschta*	زمان ماضی / زمان گذشته
vergeben	*afwa kardan*	عفو کردن
vergehen	*gozaschtan <gozar>/ têr schodan*	گذشتن <گذر> / تیر شدن
vergleichen	*moqâisa kardan*	مقایسه کردن
vergnügen sich	*khôsch gozarâni kardan*	خوش گذرانی کردن
verhaften	*habs kardan*	حبس کردن
Verhalten	*raftâr*	رفتار

verhalten sich	*raftâr kardan*	رفتار کردن
verhandeln	*mo'âmela kardan*	معامله کردن
verkaufen	*frôkhtan <frôsch>*	فروختن <فروش>
Verkäufer	*frôschendah*	فروشنده
Verkehr	*tarâfik/* *obur-ô-morur*	ترافیک / عبور و مرور
verlangen	*ârezô kardan /* *khâstan <khâh>*	آرزوکردن / خواستن <خواه>
verlassen	*tark kardan*	ترک کردن
Verleger/Publizist/ Herausgeber	*nâscher*	ناشر
verletzen	*mahdschroh kardan* */ zakhmi kardan*	مجروح کردن زخمی کردن
Verletzung	*zakhm*	زخم
verlieben	*âschoq schodan*	عاشق شدن
Verliebter	*âschoq*	عاشق
verlieren	*gom kardan*	گم کردن
vernachlässigen	*ghaflat kardan*	غفلت کردن
vernichten	*az bain bordan*	از بین بردن
verrückt	*diwâna*	دیوانه
versammeln sich	*dscham schodan*	جمع شدن
Versammlung	*dschalsa*	جلسه
verschicken	*ferestâdan <ferest>*	فرستادن <فرست >
Verschmutzung	*kasâfat*	کثافت
verschwinden	*gom schodan*	گم شدن

Versehen	*eschtebâh*	اشتباه
versöhnen sich	*âschti kardan*	آشتی کردن
Verspätung	*ta'khir*	تأخیر
versprechen	*wa'da/qaul dâdan*	وعده/قول دادن
Verstand	*husch/fahm*	هوش/فهم
verstecken	*penhân kardan*	پنهان کردن
verstehen	*fahmidan <fahm>*	فهمیدن <فهم>
Versuch	*kôschesch*	کوشش
versuchen	*kôschesch / sa'i kardan*	کوشش/سعی کردن
verteidigen	*defâ' kardan*	دفاع کردن
Verteidiger	*wakil-e modâfe'*	وکیل مدافع
Verteidigung	*defâ'*	دفاع
Vertrag	*qarârdâd*	قرارداد
Vertreter	*nomâinda*	نماینده
verurteilen	*mahkum schodan*	محکوم شدن
verwandeln sich	*taghijre schakel dâdan*	تغییر شکل دادن
Verwandtschaft	*qaumi*	قومی
Verwarnung	*nasihat / khabardâr kardan*	نصیحت / خبردار کردن
verwickeln sich	*dotschâr schodan*	دچار شدن
verwirrt sein	*peraischân schodan*	پریشان شدن

Vetter	*pesar-e amu/kâkâ*	پسر عمو/کاکا
viel	*zjâd/ferâwân / khaile zejâd*	زیاد/فراوان / خیلی زیاد
vielleicht	*schâjad*	شاید
Viertel (¼)	*rob' / jak bar tschahâr*	ربع / یک بر چهار
vierzig	*tschehel*	چهل
Visum	*wiza*	ویزه
Vogel	*parenda*	پرنده
Volk	*khalq/mardom*	خلق/مردم
voll	*por*	پر
völlig/ganz	*kâmel*	کامل
Vollmacht	*wekâlat nâma*	وکالت نامه
von	*az*	از
von Tag zu Tag	*rôz ba rôz*	روز بروز
vor	*qabl/pêsch*	قبل/پیش
vor zwei Tagen	*pêsch parirôz*	پیش پریروز
vorbeischauen	*sar zadan*	سر زدن
vorbereiten	*âmâdagi gereftan*	آمادگی گرفتن
Vorfahrt	*haq-e awaljat*	حق اولیت
vorgestern	*parirôz*	پریروز
Vorhang	*parda*	پرده
vorher	*pêschtar*	پیشتر

Vormittag	*pêsch az tschâscht / qabl az zohr*	پیش از چاشت / قبل از ظهر
Vorrat	*zakhira*	ذخیره
Vorschlag	*pêschnehâd*	پیشنهاد
Vorsicht	*ehtjât*	احتیاط
vorsichtig	*bâ ehtjât*	با احتیاط
Vorsitzender	*rajis*	رئیس
Vorspeise	*pêsch ghezâji*	پیش غذائی
vorstellen	*mo'arefi kardan*	معرفی کردن
Vorstellung	*nomâesch*	نمایش
Vorteil	*mafâd/sud*	مفاد/سود
vorwärts	*pêsch*	پیش
Waage	*tarâzu*	ترازو
wachsen (Menschen)	*kalân/bozorg schodan*	کلان/بزرگ شدن
wachsen (Pflanzen)	*rujidan <rui> / rostan <rui>*	روئیدن <روی> / رستن <روی>
Waffe(n)	*asleha – salâh*	اسلحه - سلاح
Wagen	*môtar*	موتر
Wagenheber	*dschak-e môtar*	جک موتر
Wahlen	*entekhâbât*	انتخابات
wählen	*entekhâb kardan*	انتخاب کردن
wahr	*râst/haqiqat*	راست/حقیقت
während	*hangâm/dar asnâji*	هنگام/در اثنائی

Wahrheit	*haqiqat*	حقیقت
Waise	*jatim*	یتیم
Wald	*dschangal*	جنگل
Wallfahrt	*hadsch*	حج
Walnüsse	*tschârmaghz*	چارمغز
Wand	*diwâr*	دیوار
wann	*kai/tschi waqt*	کی/چه وقت
Ware	*mâl/kâlâ*	مال/کالا
warm	*garm*	گرم
warnen	*motawadsche sâkhtan / huschdâr dâdan*	متوجه ساختن / هوشدار دادن
warten	*entezâr kaschidan*	انتظار کشیدن
Wartesaal	*otâq-e entezâr*	اطاق انتظار
warum	*tscherâ*	چرا
was	*tschi*	چه
Waschbecken	*dastschuji*	دست شویی
waschen	*schostan <schui>*	شستن <شوی>
Waschpulver	*pôdar-e rakhtschuji*	پودر رختشویی
Wasser	*âb*	آب
Wasserfall	*âbschâr*	آبشار
Wassermelone	*tarbuz/henduwâna*	تربوز/هندوانه
Watte	*pomba*	پنبه
Wechselkurs	*tabâdel-e as'âr*	تبادل اسعار

wechseln	*tabdil / awaz / khôrd / pulsjâ kardan*	تبدیل /عوض / خورد/ پولسیاه کردن
wecken	*bêdâr kardan*	بیدار کردن
Wecker	*sâ'at-e zangdâr*	ساعت زنگ دار
weder ... noch	*na ... na*	نه ... نه
Weg	*râh*	راه
wegnehmen	*bardâschtan <bardâr>*	برداشتن <بردار>
wehen	*wazidan <waz>*	وزیدن <وز>
weiblich	*zanâna*	زنانه
weich	*narm/molâjem*	نرم/ملایم
weichen	*narm/molâjem schodan*	نرم/ملایم شدن
Weihnachten	*kresmes*	کرسمس
weil	*tschun / barâ-je inke / ba ellat-e inke / zirâ ke / ba sabab-e inke*	چون / برای‌اینکه / به علت اینکه / زیراکه / به سبب اینکه
weinen	*geristan <geri> / gerja kardan*	گریستن <گری> گریه کردن
weinend	*gerjân*	گریان
Weintraube	*angur*	انگور
weiß	*safêd*	سفید

weiße Rübe	*schalgham*	شلغم
weit	*goschâd/wasi'/dur*	گشاد/وسيع/دور
Weite(n)	*mazra' – mazâre*	مزرع - مزارع
weite Fläche	*was'at*	وسعت
Weizen	*gandom*	گندم
welche Sache	*kodâm tschiz*	کدام چيز
welche/er/es	*kodâm*	کدام
Welle(n)	*maudsch-amwadsch*	موج - امواج
Welt	*donjâ/dschahân*	دنيا/جهان
wem	*ba ki*	به کی
wen	*ki râ*	کی را
wenig	*kam/andake*	کم/اندکی
wenn	*agar*	اگر
wenn doch	*kâschke*	کاشکه
wenn nicht	*wagarna*	وگرنه
wer	*ki*	کی
Werbung(en)	*tabligh – tablighât*	تبليغ - تبليغات
werden	*schodan <schou>*	شدن<شو>
werfen	*andâkhtan <andâz>*	انداختن <انداز>
Werkstatt	*kârkhâne / warakschâp*	کارخانه/ ورکشاپ
Werkzeug	*afzâr/lawâzem*	افزار/لوازم
wertvoll	*bâ arzesch*	با ارزش
Westen	*gharb*	غرب

westlich	*gharbi*	غربی
wetten	*schart kardan*	شرط کردن
Wetter	*hawâ*	هوا
Wettkampf	*mosâbeqa*	مسابقه
Widerstand	*moqâwemat*	مقاومت
widmen	*taqdim kardan / bakhschidan / hadja kardan*	تقدیم کردن / بخشیدن / هدیه کردن
Widmung	*taqdim/ehdâh/ bakhschesch*	تقدیم/اهداء/ بخشش
wie	*tschetôr/hamtschô*	چطور/همچو
wie ... wie / ob ... oder	*tschi ... tschi*	چه ... چه
wie viel	*tschand / tscheqadr / tschand tâ*	چند / چقدر / چند تا
wie / welcher Art	*tschiguna*	چگونه
wiederholen	*tekrâr kardan*	تکرارکردن
Wiese	*tschaman*	چمن
wild	*wahschi*	وحشی
Wille	*khâst*	خواست
Willkommen	*khôsch âmadid*	خوش آمدید
Wimperntusche	*rimal*	ریمل
Wind	*bâd/schamâl*	باد/شمال
Winter	*zemestân*	زمستان

wir	*mâ*	ما
Wirbelsäule	*sotun-e foqarât*	ستون فقرات
Wirtschaft	*eqtesâd*	اقتصاد
Wissen	*elm/fahm*	علم/فهم
wissen	*dânestan <dân>*	دانستن <دان>
Wissenschaft	*elm/dânesch*	علم/دانش
Wissenschaftler	*dâneschmand/âlem*	دانشمند/عالم
wissenschaftlich	*elmi*	علمی
wo	*kodschâ*	کجا
Woche	*hafta*	هفته
Wohl	*refâh*	رفاه
wohlschmeckend	*khôschmaza*	خوشمزه
wohnen	*zendagi kardan*	زندگی کردن
Wohnung	*âpârtomân*	آپارتمان
Wolf	*gorg*	گرگ
Wolke/wolkig	*abr/abri*	ابر/ابری
Wolle	*paschm*	پشم
wollen	*khâstan <khâh>*	خواستن <خواه>
Wort	*loghat/wâjha*	لغت/واژه
Wunde	*zakhm*	زخم
Wunder	*mo'dscheza*	معجزه
wundern sich	*ta'dschob kardan*	تعجب کردن
wünschen	*mejl dâschtan / mâjel budan*	میل داشتن / مایل بودن

wünschend	*ârezômand*	آرزومند
Wurzel	*rischa*	ریشه
Wüste	*bijâbân/sahrâ*	بیابان/صحرا
Wut	*khaschm*	خشم
Zahl(en)	*adad – a'dâd*	عدد - اعداد
zahlen	*pardâkhtan* *<pardâz>*	پرداختن <پرداز>
zählen	*schomordan* *<schomor>*	شمردن <شمر>
zahlreich	*ferâwân /* *besjâr zejâd*	فراوان / بسیار زیاد
Zahn	*dandân*	دندان
Zahnarzt	*dâktar-e dandân*	داکتر دندان
Zahnbürste	*bors-e dandân*	برس دندان
Zähne putzen	*bors/meswâk* *kardan*	برس/مسواک کردن
Zahnpasta	*krim-e dandân*	کریم دندان
Zange	*ambor/anbur*	انبر/انبور
Zehe	*schast-e pâ*	شصت پا
zehn	*dah*	ده
Zeichner	*rasâm*	رسام
zeigen	*neschân dadan*	نشان دادن
Zeiger	*aqraba*	عقربه
Zeit	*waqt*	وقت

Zeit finden	*waqt/forsat jâftan*	وقت/فرصت یافتن
Zeit geben	*waqt/forsat dâdan*	وقت/فرصت دادن
Zeit haben	*waqt/forsat dâschtan*	وقت/فرصت داشتن
Zeitschrift	*modschala*	مجله
Zeitung	*akhbâr/rôznâma*	اخبار/روزنامه
Zelt	*khaima*	خیمه
zelten	*khaima zadan*	خیمه زدن
zentral/Zentrum	*markaz*	مرکز
zerreißen	*pâra kardan*	پاره کردن
Zeuge	*schâhed*	شاهد
Zeugnis	*schahâdatnâma / gowâhi nâma*	شهادتنامه/ گواهی نامه
Ziege	*boz*	بز
Ziegel	*khescht*	خشت
Ziegenhaar	*pat*	پت
ziehen	*kaschidan* <*kasch*>	کشیدن <کش>
Ziel	*hadaf*	هدف
Zigarette rauchen	*segret kaschidan*	سگرت کشیدن
Zigaretten	*segret*	سگرت
Zimmer	*otâq*	اطاق/اتاق

Zimmermädchen	*khadama/nôkar/ kolfat*	خدمه/نوکر/ کلفت
Zitrone	*limo*	لیمو
zittern	*larzidan <larz>*	لرزیدن <لرز>
Zoll	*gomrok*	گمرگ
Zollbeamter	*mâmur-e gomrok*	مامور گمرک
Zone	*mantaqa/qesmat*	منطقه/قسمت
Zoo	*bâgh-e wahsch*	باغ وحش
zornig	*asabi*	عصبی
zu	*nazd*	نزد
zu Ende führen	*tamâm kardan*	تمام کردن
zu Fuß	*pejâda*	پیاده
zubereiten	*âmâda kardan*	آماده کردن
zublinzeln	*tschaschmak zadan*	چشمک زدن
zubringen	*âwardan <âwar>*	آوردن <آور>
züchten	*tarbejat namudan <nomâi>*	تربیت نمودن <نمای>
Zucker	*bura/schakar*	بوره/شکر
Zuckerkrankheit	*maraz-e schakar*	مرض شکر
Zucker-/Honig-melone	*kharbôza*	خربوزه
zuerst / am Anfang	*awwal*	اول
Zufall	*tasâdof*	تصادف
zufällig	*tasâdofan*	تصادفاً

zufrieden sein	*râzi budan*	راضی بودن
zufrieden werden	*râzi schodan*	راضی شدن
Zug	*qatâr/rêl*	قطار/ ریل
zugehen	*basta schodan (Tür)*	بسته شدن
zuhören	*gôsch kardan/dadan*	گوش کردن /دادن
Zukunft	*âjenda*	آینده
zum Beispiel	*ba taur-e mesâl / masalan*	به طور مثال / مثلاً
zunehmen	*wazn gereftan*	وزن گرفتن
Zunge	*zabân*	زبان
zurückkehren	*bargaschtan <bargard>*	برگشتن <برگرد>
zurückzahlen	*pasdâdan / dubâra pardâkhtan*	پس‌دادن/ دوباره پرداختن
zusammen	*jakdschâ / bâ ham*	یکجا/باهم
zusammengesetzt	*morakab*	مرکب
zuschauen	*tamâschâ kardan*	تماشا کردن
Zuschauer	*tamâschâtschi*	تماشاچی
Zustand – Zustände	*hâl – ahwâl*	حال - احوال
zuverlässig	*amin / drost kâr*	امین/درستکار
Zwang	*edschbâr*	اجبار
Zweck	*hadaf*	هدف
zwecklos	*abas/bi fâida*	عبث/بی‌فایده
zwei	*du*	دو

Zweibettzimmer	*otâq-e du nafara*	اطاق دو نفره
Zweifel	*schak/tardid*	شک/تردید
zweifeln	*schak/tardid kardan*	شک/تردید کردن
Zweig/Ast	*schâkha / schâkh tscha*	شاخه/شاخچه
zweimal	*dumartaba/ dudafa*	دومرتبه /دو دفعه
zweimal so viel	*dubarâbar*	دو برابر
Zwiebel	*pejâz*	پیاز
zwingen	*madchbur sâkhtan/kardan*	مجبور ساختن /کردن
zwischen	*bain/dar mejân*	بین/درمیان
Zwischenfall – Zwischenfälle	*hâdesa – hwâdes / etefâq – etefâqât*	حادثه - حوادث/ اتفاق - اتفاقات
Zwischenzeit	*modat/fâsela/ zamân*	مدت/فاصله/ زمان
zwitschern	*dschir dschir / tscher tscher kardan*	جیر جیر/چرچر کردن
zwölf	*dawâzdah*	دوازده
Zyklus	*daurân*	دوران
Zylinder	*ostowâna / lôla-je mijânkhâli*	استوانه / لولهٔ میان خالی
Zypresse	*darakhte sarw*	درخت سرو

Weitere Bücher von Simin Heiderfazel

«Afghanische Küche»

120 Rezepte, 167 S., viele Farbfotos, A5, 2006, 14 €

Afghanisches Kochbuch

«La Cuisine Afghane»

168 Seiten, 2005, 16 €

In französischer Sprache.

«Persisch für Anfänger – Teil I»

40 Seiten, viele Zeichnungen, 2003. 10 €

Der erste Teil (Lektion 1–14) ist für Anfänger.

**«Persisch für Anfänger
Teil I bis Teil VI»**

Lektion 1–46, 170 S., viele Zeichnungen, 2004, 14.90 €

Das Lehrbuch befasst sich mit der persischen Schrift, Grammatik, Satzbau, Dialoge und Übungen aus dem Alltag.

«Persisches Alphabet»

farbig, A3, laminiert, 2000, 8 €

Ein Poster mit dem persischen Alphabet.

«abuba dschân abuba»

Afghanische Kinderspiele und Reimerzählungen,

ISBN 978-3-00-042664-3, 160 Seiten, 2013, 16 €

**Erhältlich bei Amazon oder
Simin Heiderfazel, siminh@web.de**